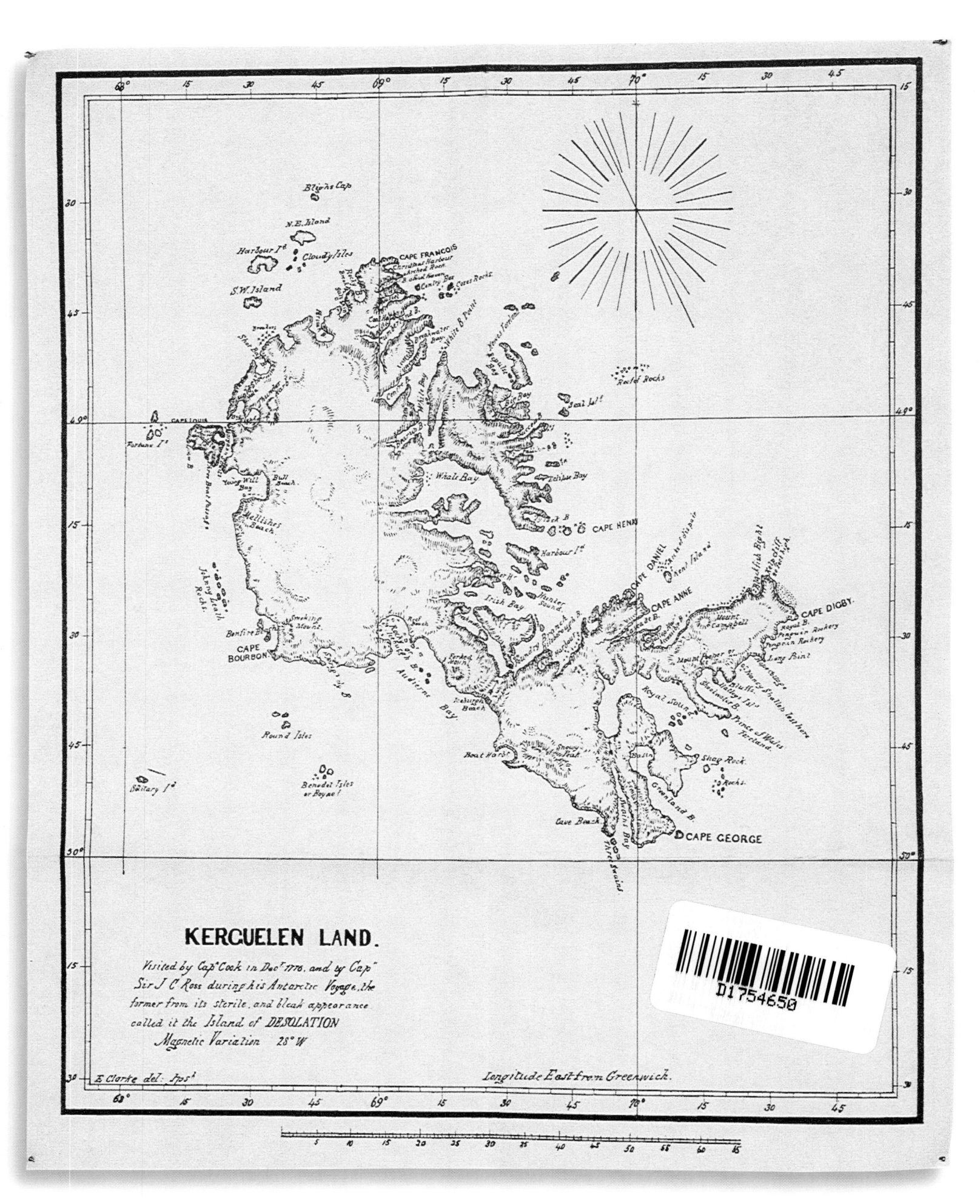

KERGUELEN LAND.

Visited by Capt. Cook in Decr. 1776, and by Capn.
Sir J C Ross during his Antarctic Voyage, the
former from its sterile and bleak appearance
called it the Island of DESOLATION
Magnetic Variation 28° W

E. Clarke del: lps
Longitude East from Greenwich.

Kerguelen

Kerguelen

Max Schmid / André Giret

BIRKEN-
HALDE
VERLAG

1. Auflage, 1998, 2500
Max Schmid / André Giret
Birkenhalde Verlag, CH-8411 Winterthur, 1998
ISBN 3-905172-17-8
Printed in Switzerland

Copyright©
Birkenhalde Verlag, Winterthur 1998
Dieses Werk einschliesslich aller seiner Teile ist urheberrechtlich weltweit geschützt. Jede Verwertung ausserhalb der engen Grenzen des Urheberrechtsgesetzes ist ohne Zustimmung des Verlages unzulässig und strafbar. Dies gilt insbesondere für Vervielfältigungen, Übersetzungen, Mikroverfilmungen und die Einspeicherung und Verarbeitung in elektronischen Systemen.

© Institut Géographique National, Paris 1973
Die geografische Karte auf dem Nachsatz ist urheberrechtlich geschützt.
Reproduktionen oder Adaptationen sind weltweit unzulässig und strafbar.

Fotos
Max Schmid, Winterthur

Text
André Giret, Saint-Etienne Cedex 2

Gestaltung
Aleksander Kaczynski,
Mattenbach AG, CH-8411 Winterthur

Lithographie, Satz, Druck
Mattenbach AG, CH-8411 Winterthur

Ausrüstung
Burkhardt AG, CH-8617 Mönchaltdorf

BIRKEN-
HALDE
VERLAG

Sommaire

Préface	8–9
Photos/légendes par Max Schmid	14–155
Au bout du monde – les îles Kerguelen par André Giret	157–170
Statistiques	171
Bibliographie	207

Table of Contents

Foreword	10–11
Photos/Captions by Max Schmid	14–155
The Kerguelen Islands – the "end of the world" by André Giret	173–186
Island Statistics	187
References	207

Inhalt

Vorwort	12–13
Fotos/Legenden von Max Schmid	14–155
Die Kerguelen-Inselgruppe – das «Ende der Welt» von André Giret	189–204
Inselstatistik	205
Literatur	207

7

Préface

Il ne se passe pratiquement pas un jour sans que les médias nous confrontent à la notion de «bout du monde» au sens géographique du terme. Des lieux par milliers aux quatre coins de la terre que l'on peut d'ailleurs atteindre facilement, le plus souvent en avion.

La surface de notre planète est très variée. On y trouve toutefois – surtout au niveau des plus hautes latitudes des deux hémisphères – des étendues de terres qui ne sont que vaguement mentionnées dans les atlantes car elles sont telles des taches blanches. Elles me fascinent depuis toujours, elles ont su éveiller ma curiosité. Alors que j'étais enfant, mon attention fut déjà attirée par ce que l'on appelait le «bout du monde», entre autres par l'Islande et son équivalent dans l'hémisphère sud – à savoir les îles de Kerguelen.

Ce coin de terre dominé par les immenses étendues d'eau environnantes est sans aucun doute l'un des plus isolés de notre globe. S'il était permis de croire qu'il puisse exister sur un géoïde sphérique quelque chose comme un «bout du monde», il se trouverait sur cet archipel! Jamais un avion n'a pu encore y atterrir et il est difficile d'envisager que cela puisse se produire dans un avenir proche, compte tenu de toutes les sécurités requises.

La formation de l'archipel est le résultat d'un morcellement violent survenu lors d'une séparation de continents. Kerguelen est aussi éloigné de l'Antarctique que de l'Afrique et de l'Australie. S'ils n'étaient pas situés sur l'un de ces points du globe qui continuent à nous questionner au plan géologique, ces reliefs auraient depuis longtemps été engloutis dans les flots de l'océan Indien. Les mouvements magmatiques du manteau terrestre se manifestent sur ces îles sous la forme d'une activité volcanique. Les dernières éruptions, particulièrement violentes, remontent à 15 000 ans. Le volcan le plus élevé de l'archipel, le Mont Ross, n'est en revanche plus actif depuis environ un million d'années. L'intensité des fumerolles dans l'extrême sud-ouest témoigne toutefois de l'existence de températures souterraines encore élevées.

L'érosion par les glaces à l'époque glaciaire a contribué encore au déchiquetage et au morcellement de l'ensemble insulaire. L'île principale a véritablement la forme d'une chaîne de presqu'îles: vue d'un satellite, elle ressemble à un polype monstrueux. En comparaison de sa surface, elle présente la longueur de côtes la plus étendue de la planète.

Les îles de Kerguelen sont au sud de la convergence antarctique, à une latitude qui correspond à celle de Francfort ou Paris. Mais le climat est identique à celui de l'Atlantique au nord de l'Islande. Un climat qui contribue à créer des atmosphères merveilleuses uniques au monde mais aussi des aspects défiant toute notion de confort. Les journées d'accalmie sont rares, même par beau temps ensoleillé. Le sort a voulu que la nature de cette terre soit à la fois féerique et désolée. Les paysages nés du feu et de la glace sont là comme pour nous remettre en mémoire l'aspect que notre planète avait à l'origine des temps. Glaciers, sculptures rocheuses, déserts et lits de rivières sauvages, faune et flore composées de nombreux pingouins, de papillons aptères et de plantes endémiques exercent une grande force d'attraction sur tous ceux et celles qui sont animés par l'instinct de la recherche et le goût de la photographie. J'ai vu là-bas des choses que beaucoup d'entre nous n'ont encore jamais vues.

Entreprendre un voyage sur ces îles de la Désolation n'est pas un événement ordinaire. Il faut compter sept à dix jours pour y arriver. Il faut en outre avoir obtenu l'accord du TAAF (Territoire des Terres Australs et Antarctiques Françaises) ou de l'IFRTP (Institut Français pour la Recherche et la Technologie Polaires). Le point de départ de cette expédition maritime mouvementée est l'île de la Réunion. Les îles de Crozet et d'Amsterdam sont souvent au programme. Je suis déjà parti deux fois là-bas. La première fois avec Werner Wellsandt, un ami et un artiste (1991); la deuxième fois, j'accompagnais une expédition géologique conduite par Jean-Yves Cottin et Bertrand Moine (1995). Je nourris déjà le vague projet de partir une troisième fois.

Aussi longtemps que l'incandescence souterraine encore ardente de Kerguelen portera ce voile mystique fait de jeux de lumières atmosphériques et de nuages ténébreux se livrant à la chasse incessante de leurs semblables, cet archipel ne perdra rien pour moi de son attrait magique, dussai-je l'avoir vu bien d'autres fois encore.

Max Schmid

Preface

In the media one is confronted nearly every day with the concept of "the end of the world", in the geographical sense. It would seem that thousands of such places exist on the earth, most of them easily accessible by jet.

On the richly varied surface of our planet there are, however, bits of land apparently indicated in atlases only to show their existence. These features seem to occur mostly at the higher degrees of latitude of both hemispheres, and appear on maps as something like blank spots. I have always been fascinated by these places and curious about them. Already as a child I was aware of such so-called ends of the world, Iceland for instance, or its counterpart of similar type in the southern hemisphere – the Kerguelen Islands.

This patch of land surrounded by water that spans the earth is surely among the most isolated on our planet. If one can speak of an "end of the world" when that world is spherical, then it is to be found in this archipelago! No airplane has ever landed there, nor will such a landing take place in the near future.

The island formation is a splintered remainder of a violent continental separation and is about equidistant from Antarctica, Africa and Australia. Were it not located on one of the even now mysterious geological hot spots, it would have sunk long ago beneath the waves of the Indian Ocean. Hot spots are magmatic surges in the earth's mantle, made manifest on these islands as volcanic activity. The last such eruptions took place about 15,000 years ago and were especially violent, although the highest volcano on the islands, Mount Ross, has been inactive for about a million years. Intense geothermal activity in the extreme southwest region of the island group is witness to still present heat below the earth's surface, however.

The erosive activity of the ice-age glaciers continued the cleaving and dismembering of the island formation. The main island consists literally of a chain of peninsulas and appears in satellite pictures as a monstrous polyp. This island possesses the largest coastal length to area ratio in the world.

The Kerguelen lie south of the Antarctic convergence, at a geographic latitude that corresponds to that of Frankfurt or Paris. The climate, on the other hand, is like that of the Atlantic region north of Iceland. Thus it provides unique and magical moods alternating with the most unwelcoming of aspects. Days without wind are a rarity, even on clear sunny days. Here a relentless nature has created both desolation and the stuff of fairy tales. The landscapes, products of fire and ice, have the effect of being the original sceneries created at the planet's birth. Enthusiastic researchers and those passionate about photography are strongly drawn to the islands, not only by its glaciers, sculptured cliffs, deserts and wild river landscapes, but also by its fauna and flora, especially the many penguins, wingless butterflies and the endemic plants. I have seen things on these islands that very few people have ever seen.

The journey to this earthly isolation is no everyday affair. It takes seven to ten days, and must be discussed with the TAAF (Territoire des Terres Australs et Antarctiques Françaises) or the IFRTP (Institut Français pour la Recherche et la Technologie Polaires). One begins this exciting ocean trip on the island of La Réunion, and frequently stops off at Crozet and Amsterdam Islands. I have taken two trips to the Kerguelen, the first with a friend, the artist Werner Wellsandt, in 1991 and the second accompanying a geologic expedition in 1995 under the guidance of geologist Jean-Yves Cottin together with the researchers Bertrand Moine, Bernard Bonin and the director of logistics Alain Lamalle. The third trip is already assuming vague outlines in my thoughts.

As long as sinister clouds chase one another and atmospheric plays of light cast a mystical veil over the still smouldering underground embers of the Kerguelen Islands, this archipelago will have lost nothing of its magic charm for me, even after further trips.

Max Schmid

Vorwort

Beinahe täglich wird man in den Medien mit dem Begriff vom «Ende der Welt» im geografischen Sinne konfrontiert. Rund um die Erde scheinen Tausende solcher Örtlichkeiten zu existieren, die allerdings meist recht bequem mit dem Jet erreichbar sind. Es gibt auf dieser unserer vielfältigen Erdoberfläche – vor allem auf den höheren Breitengraden der beiden Erdhälften – jedoch Landtupfer, die in den Atlanten nur gerade andeutungsweise vermerkt sind, das heisst, so etwas wie weisse Flecken darstellen. Diese haben mich seit jeher fasziniert und meine Neugier geweckt. So bin ich schon in meiner Kindheit auf sogenannte Weltenden aufmerksam geworden, unter anderem auf Island oder dessen artverwandtes Gegenstück auf der südlichen Hemisphäre – die Inselgruppe der Kerguelen.

Dieser Flecken Land inmitten einer erdumspannenden Wasserfläche gehört ohne Zweifel zu den entlegensten unseres Planeten. Wenn es auf einem kugelförmigen Geoid so etwas wie ein «Ende der Welt» überhaupt gibt, dann befindet es sich auf diesem Archipel! Dort ist noch nie ein Flugzeug gelandet, und in absehbarer wird dies mit Sicherheit auch nicht der Fall sein.

Das Inselgebilde ist ein zersplittertes Bruchstück einer gewaltigen Kontinentaltrennung und ist etwa gleich weit entfernt von der Antarktis wie von Afrika und Australien. Längst wäre dieses Überbleibsel in den Fluten des Indischen Ozeans versunken, läge es nicht auf einem der geologisch nach wie vor geheimnisvollen Hot Spots. Diese magmatischen Aufwallungen im Erdmantel machen sich auf den Inseln in Form von Vulkantätigkeit bemerkbar. Die letzten Eruptionen liegen etwa 15 000 Jahre zurück und haben sich durch besondere Heftigkeit ausgezeichnet. Der höchste Vulkan der Inselgruppe, der Mt. Ross, hingegen ist seit etwa einer Million Jahren nicht mehr aktiv. Intensive Fumarolentätigkeit im äussersten Südwesten zeugt aber von der immer noch vorhandenen unterirdischen Hitze.

Die erosive Tätigkeit der eiszeitlichen Gletscher hat das Inselgebilde weiter zerklüftet und zergliedert. Die Hauptinsel besteht buchstäblich aus aneinander geketteten Halbinseln und wirkt aus der Satellitenperspektive wie ein monströser Polyp. Im Verhältnis zur Fläche weist sie die grösste Küstenlänge der Erde auf.

Die Kerguelen liegen südlich der antarktischen Konvergenz, auf einer geografischen Breite, die derjenigen von Frankfurt oder Paris entspricht. Das Klima ähnelt aber jenem des Atlantiks nördlich von Island. Es sorgt sowohl für einmalig zauberhafte Stimmungen wie auch für höchst ungemütliche Aspekte. Windstille Tage sind, selbst bei schönem, sonnigem Wetter, eine Rarität. Die Unbill der Natur hat hier einen ebenso märchenhaften wie desolaten Flecken Erde geschaffen. Die aus Feuer und Eis entstandenen Landschaften wirken wie Urlandschaften aus den erdgeschichtlichen Anfängen unseres Planeten. Mit ihren Gletschern, Felsskulpturen, Wüsten und wilden Flusslandschaften, aber auch mit ihrer Fauna und Flora, vor allem den vielen Pinguinen, flügellosen Schmetterlingen und den endemischen Pflanzen üben sie auf Menschen mit ausgeprägtem Forschertrieb und fotografischen Neigungen eine starke Anziehungskraft aus. Ich habe dort Dinge gesehen, wie sie wohl nur sehr wenigen Menschen je vor Augen gekommen sind.

Eine Reise in diese irdische Isolation ist keine Alltagsangelegenheit. Sieben bis zehn Tage dauert die Anfahrt. Sie erfordert eine Absprache mit dem TAAF (Territoire des Terres Australs et Antarctiques Françaises) oder dem IFRTP (Institut Français pour la Recherche et la Technologie Polaires). Ausgangspunkt dieser bewegten Seereise ist die Insel La Réunion. Oft sind die Inseln Crozet und Amsterdam mit im Fahrplan einbezogen. Zwei Reisen habe ich dorthin unternommen, die erste mit dem Freund und Künstler Werner Wellsandt (1991), die zweite als Begleiter einer geologischen Expedition (1995) unter der Leitung des Geologen Jean-Yves Cottin zusammen mit seinen Berufskollegen Bertrand Moine, Bernard Bonin und dem logistischen Leiter Alain Lamalle. Und die dritte nimmt bereits vage gedankliche Formen an.

Solange düstere, sich jagende Wolken und atmosphärische Lichtspiele einen mystischen Schleier über die noch schwelende untergründige Glut der Kerguelen breiten, wird dieser Archipel für mich auch nach weiteren Reisen nichts von seinem magischen Reiz verloren haben.

Max Schmid

Un petit groupe d'accueil dans la baie de la Mouche, quelque peu déconcerté par l'apparition du genre humain.

A slightly helpless looking flock of kingly individuals regarding alien intruders in Baie de la Mouche.

Ein ob der fremdartigen Zweibeiner etwas ratlos wirkendes Begrüssungsgrüppchen in Baie de la Mouche.

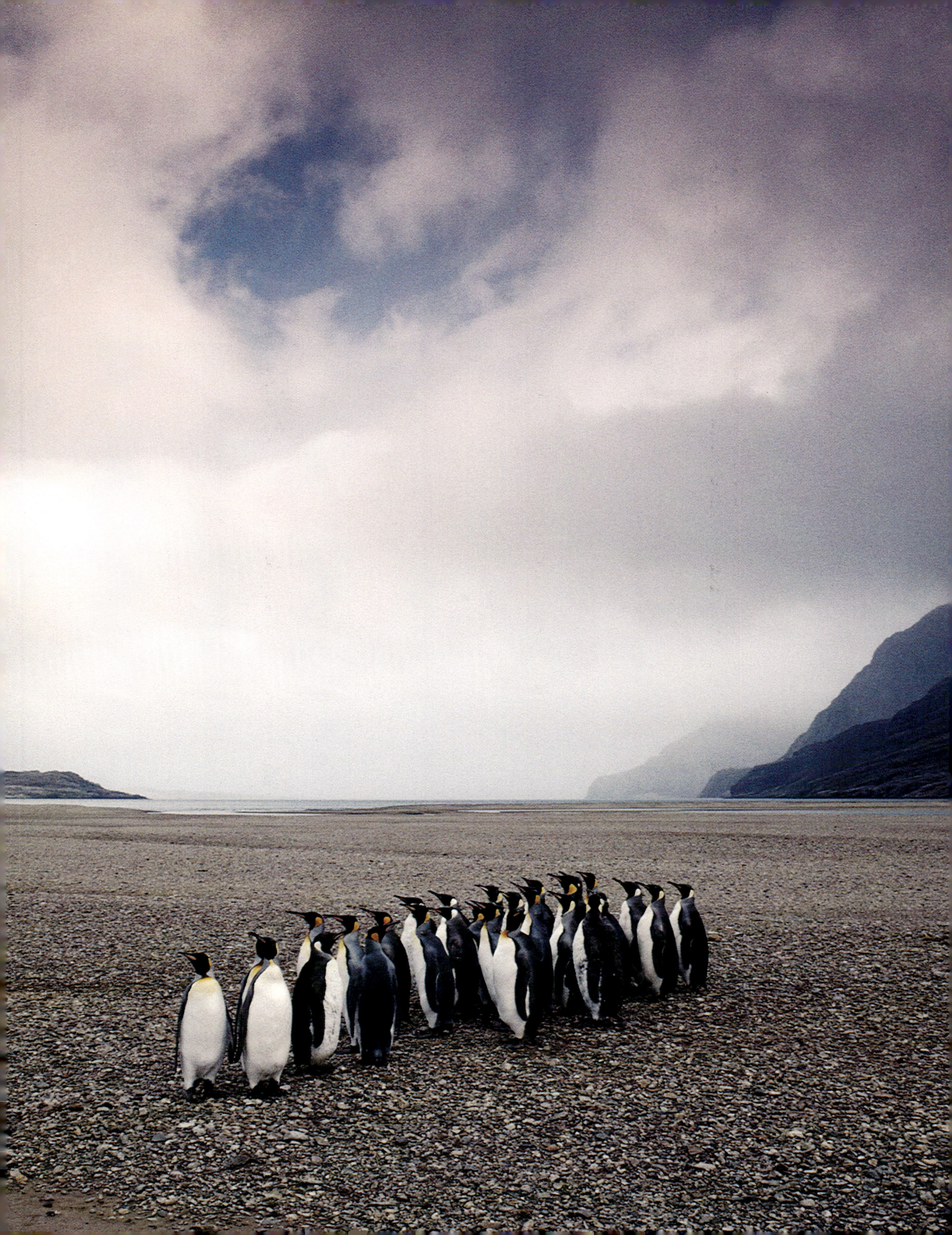

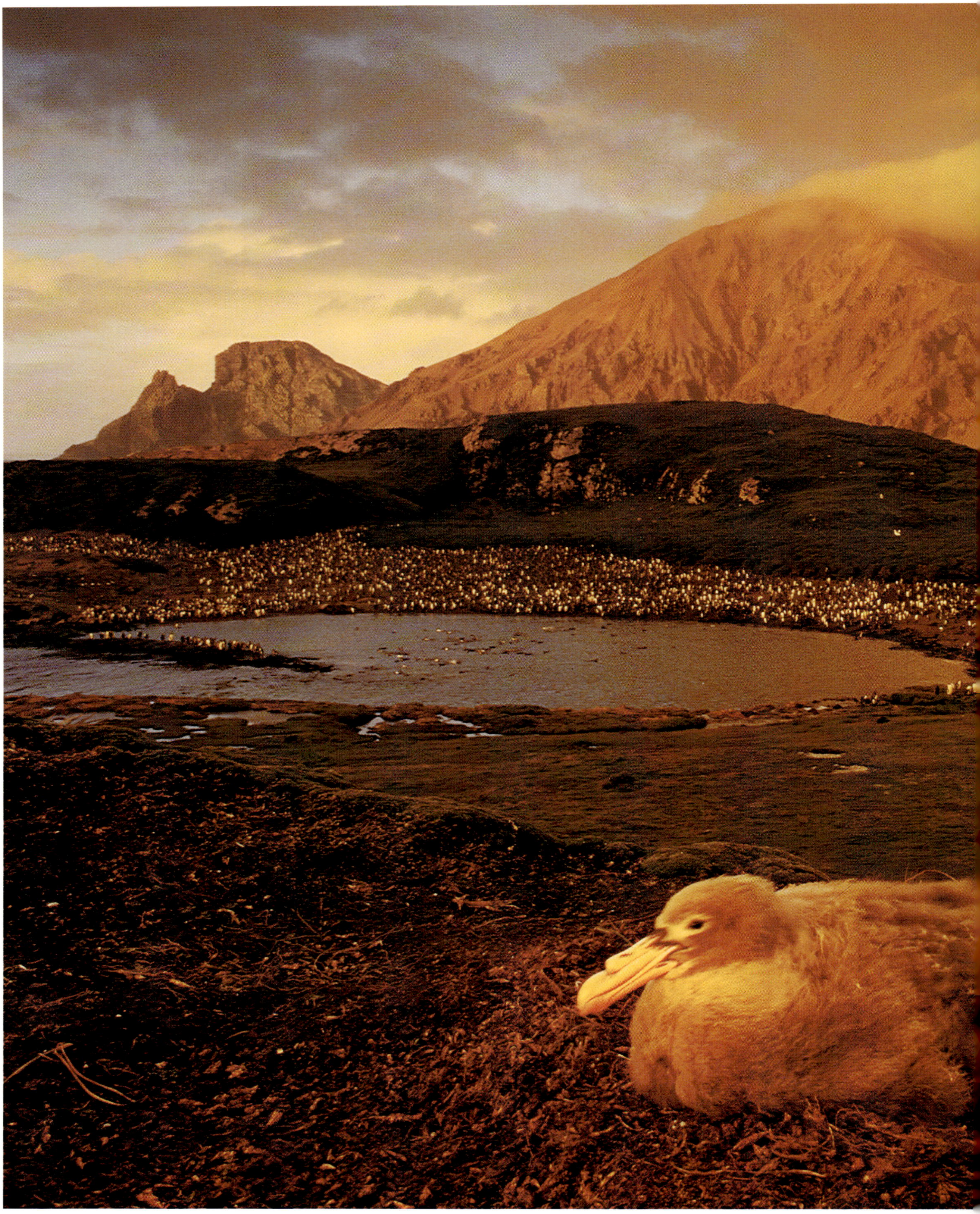

Poussin de Pétrel Géant avec
colonie de Manchots Royaux.
Mont des Deux Bénitiers.

Giant Petrel baby with
King Penguin colony.
Mont des Deux Bénitiers.

Junger Riesensturmvogel
mit Königspinguinkolonie.
Mont des Deux Bénitiers.

Manchots Royaux
sur la côte ouest où la
tempête et la pluie sont le
sort quotidien.

King Penguins
on the ever stormy and
rainy west coast.

Königspinguine
an der Westküste, wo Sturm
und Regen zum Alltag
gehören.

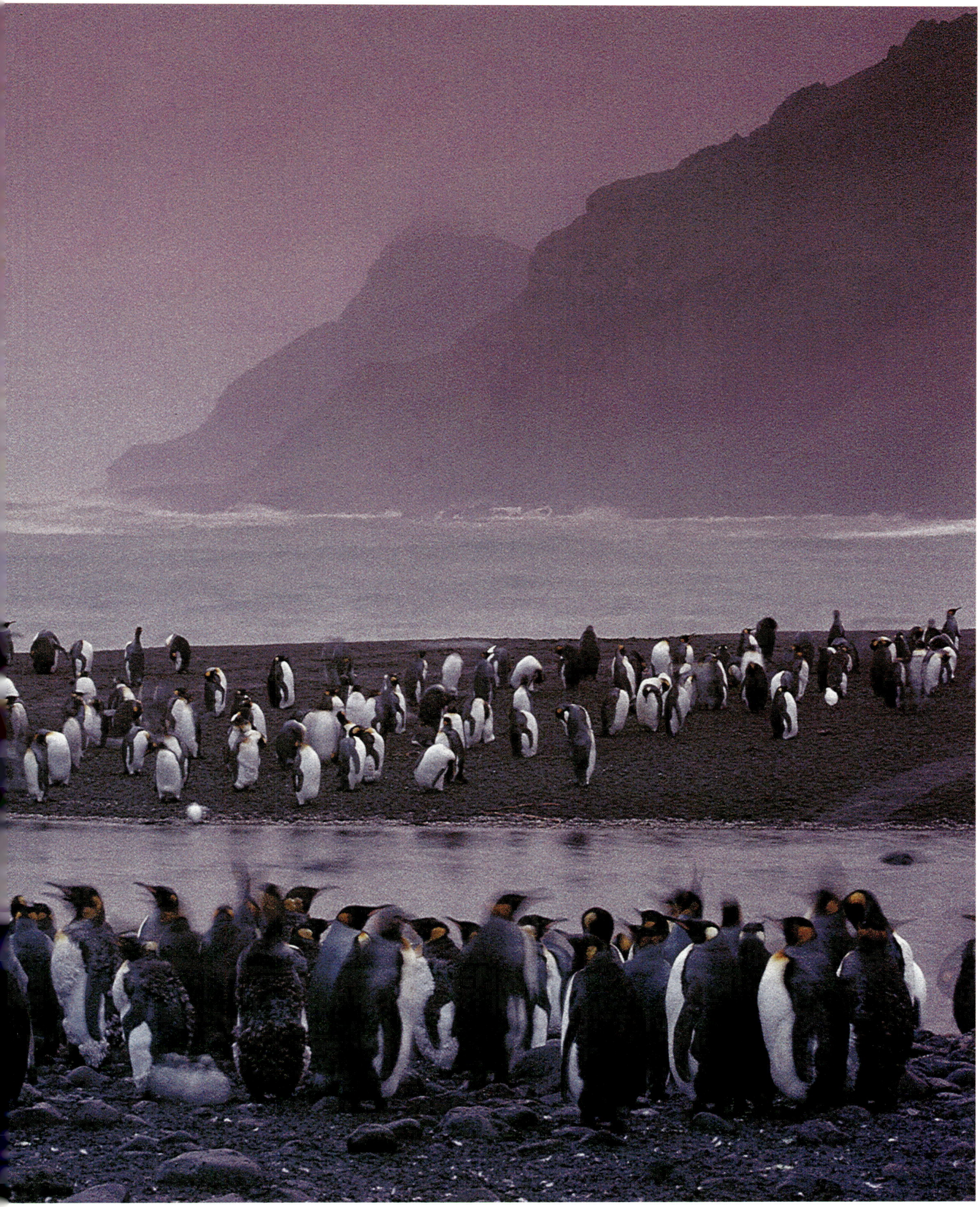

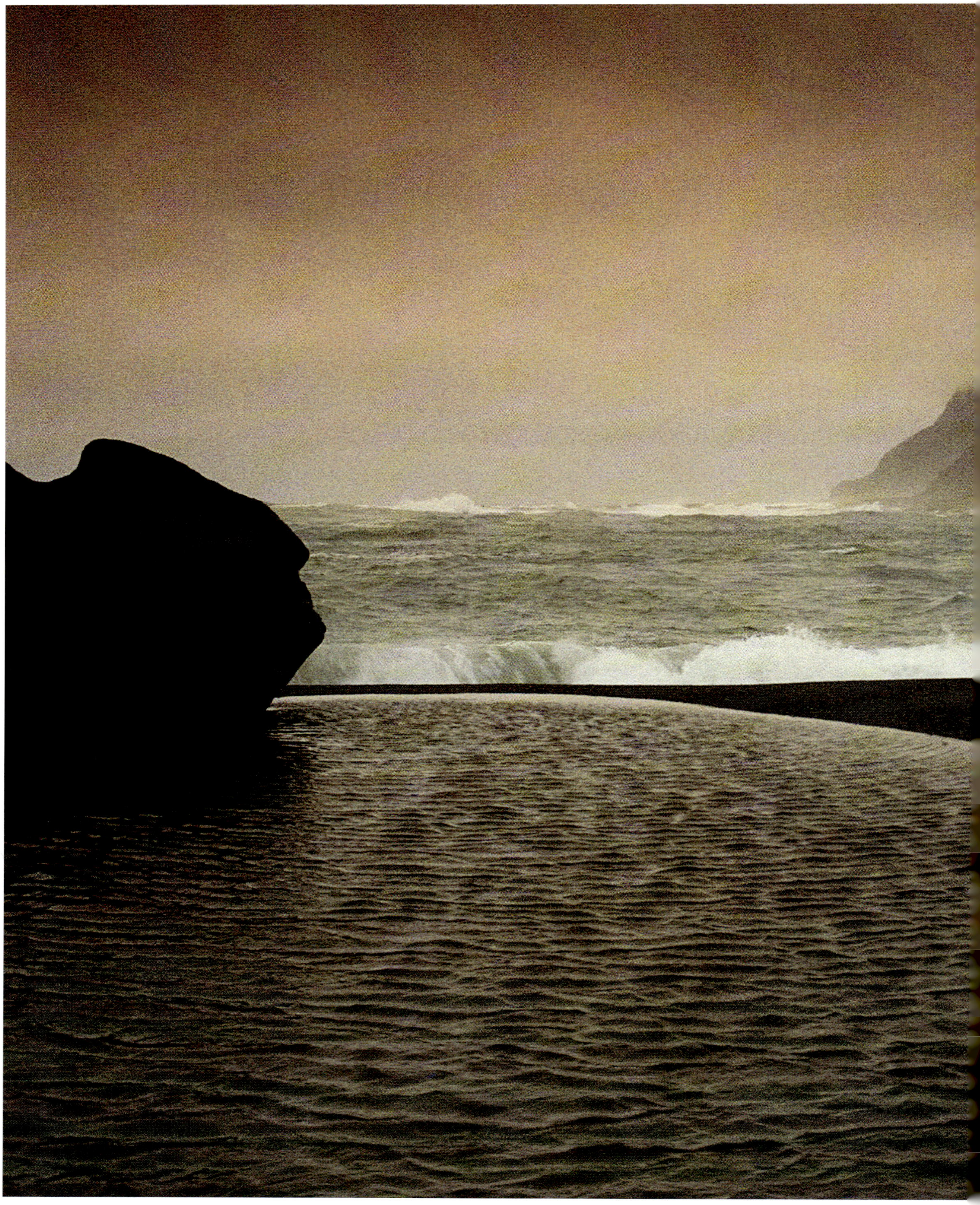

Le long d'une côte
où la mer est toujours
démontée.

On the move along
the coast of a ceaselessy
churning sea.

Unterwegs an
der Küste einer stets
aufgewühlten See.

Le témoignage de
mécontentement d'un
éléphant de mer.

An elephant seal
shows displeasure.

Eine seeelephäntische
Missfallensbezeugung.

Un futur Manchot Royal.

On the way to becoming a King Penguin.

Ein werdender Königspinguin.

22

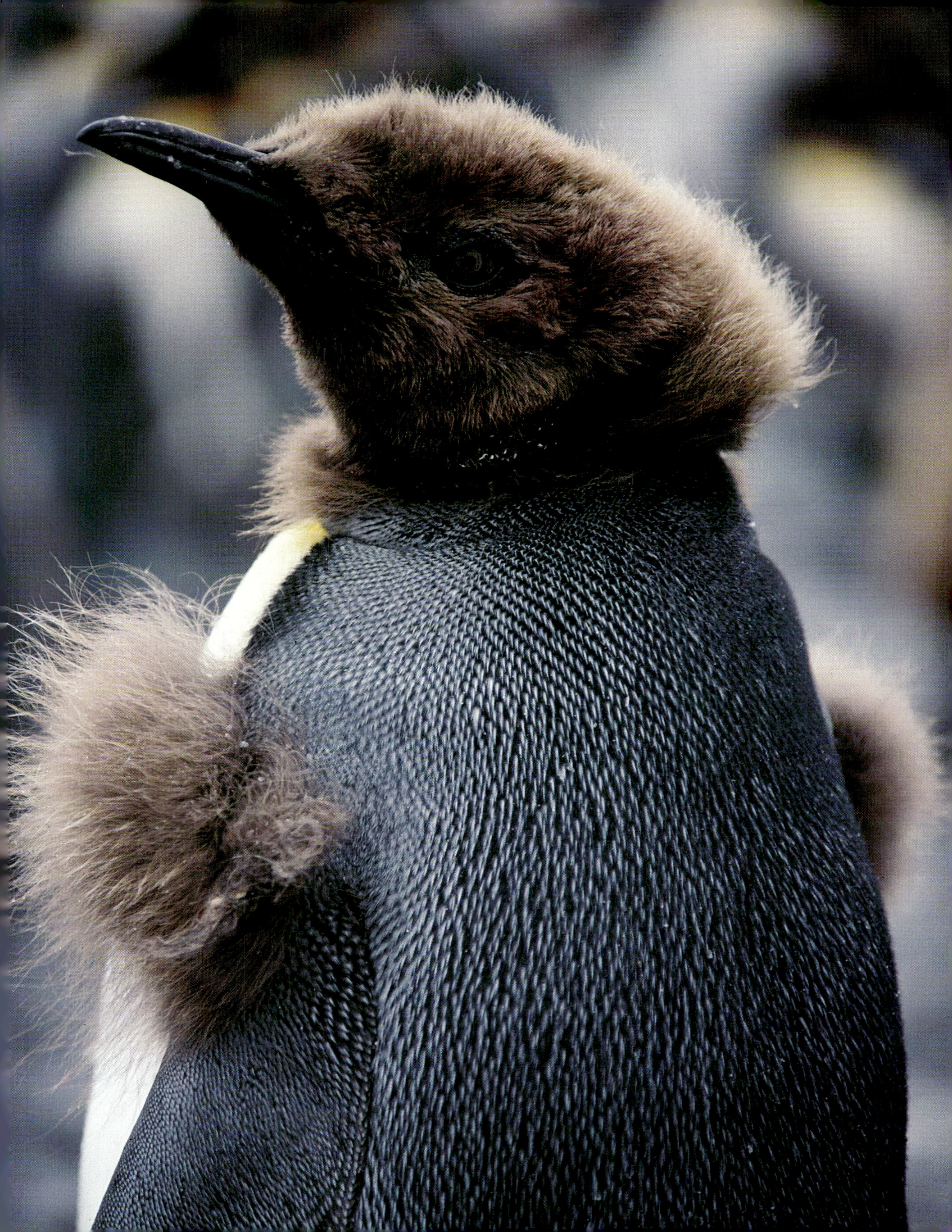

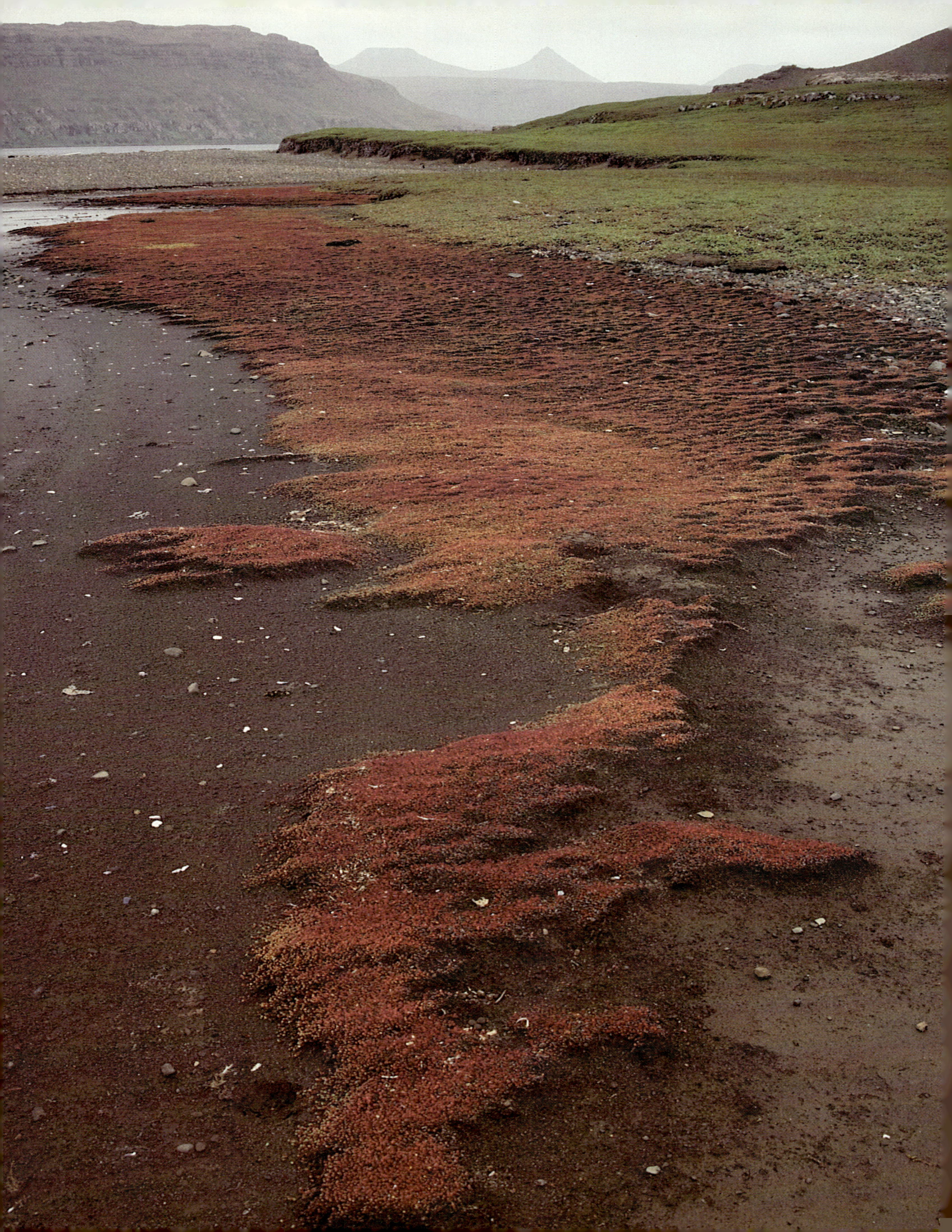

Chou de Kerguelen
avec coussins d'Azorella sur
la péninsule Rallier du Baty.

Kerguelen cabbage with
Azorella cushions on the
Peninsula Rallier du Baty.

Kerguelenkohl mit
Azorellapolstern auf
Peninsula Rallier du Baty.

Végétation côtière moussue, passe de Buenos Aires.

Mossy growths on the beach of Passe de Buenos Aires.

Moosartiger Strandbewuchs, Passe de Buenos Aires.

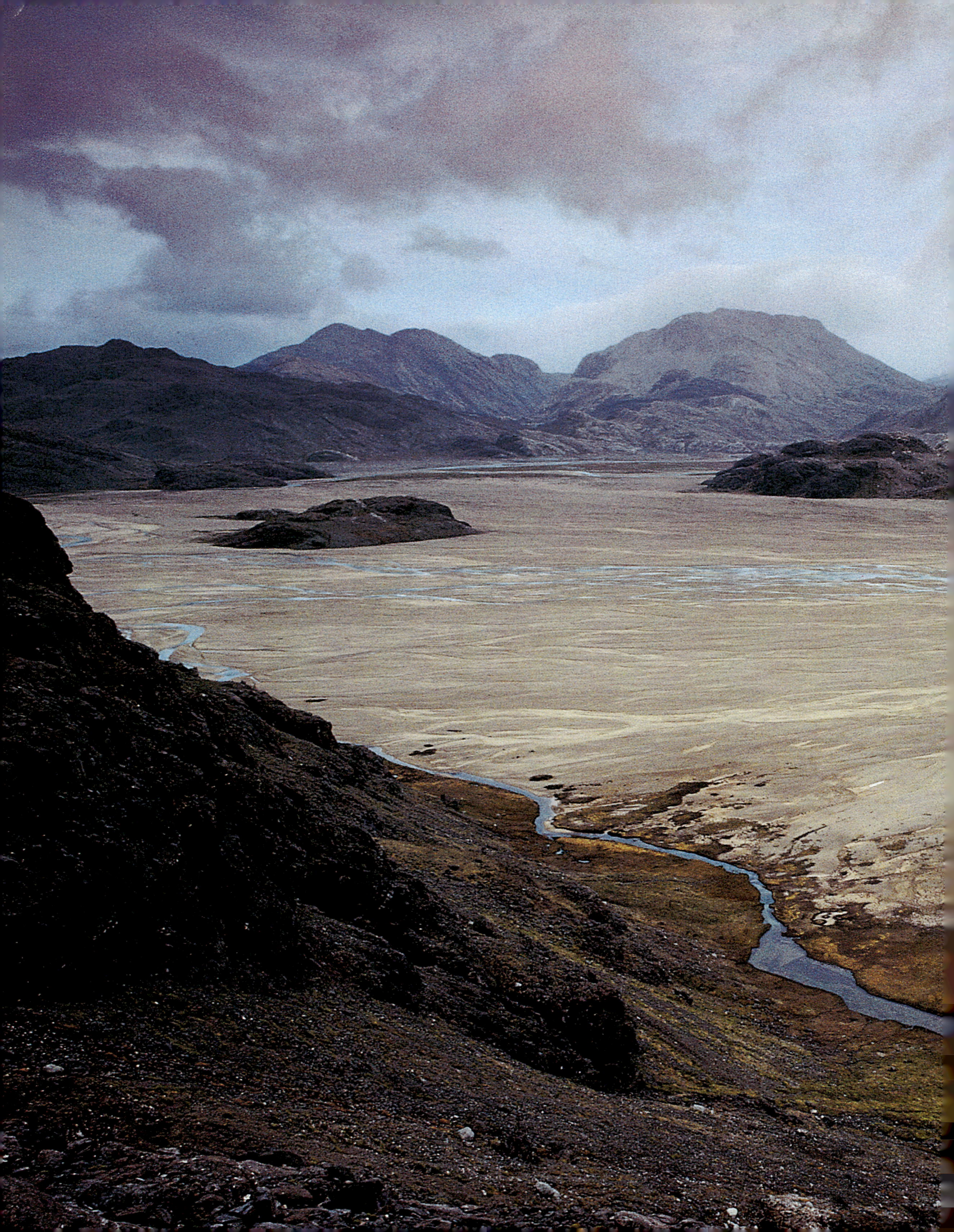

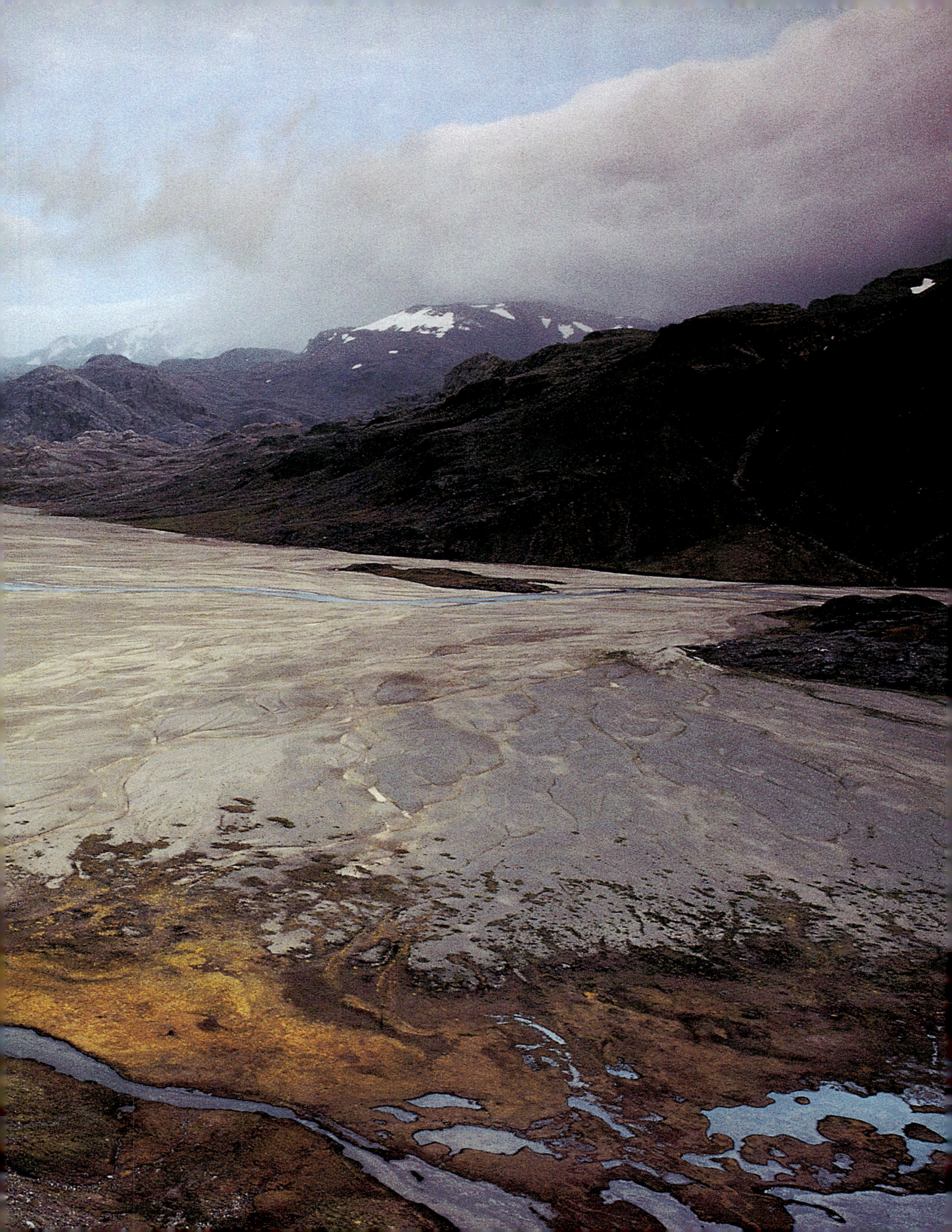

Décors sur la péninsule
Jeanne d'Arc.

Scenery on Peninsula
Jeanne d'Arc.

Szenerie auf Peninsula
Jeanne d'Arc.

◀ Vallée de la Mouche,
péninsule Rallier du Baty.

Alluvial plain in the
Vallée de la Mouche,
Peninsula Rallier du Baty.

Vallée de la Mouche,
Peninsula Rallier du Baty.

Bloc erratique dans la baie Hurley.

Boulder near Hurley Bay.

Findling bei der Hurleybucht,
Hurley Bay.

Structure polygonale du sol soumis
au gel avec le Mont Ross en arrière-plan.

Frost patterns with
Mount Ross in the background.

Frostbodenmuster mit
Mont Ross im Hintergrund.

Paysage marécageux trompeur sur la péninsule Jeanne d'Arc.

Deceptive swampland on Peninsula Jeanne d'Arc.

Trügerische Moorlandschaft auf Peninsula Jeanne d'Arc.

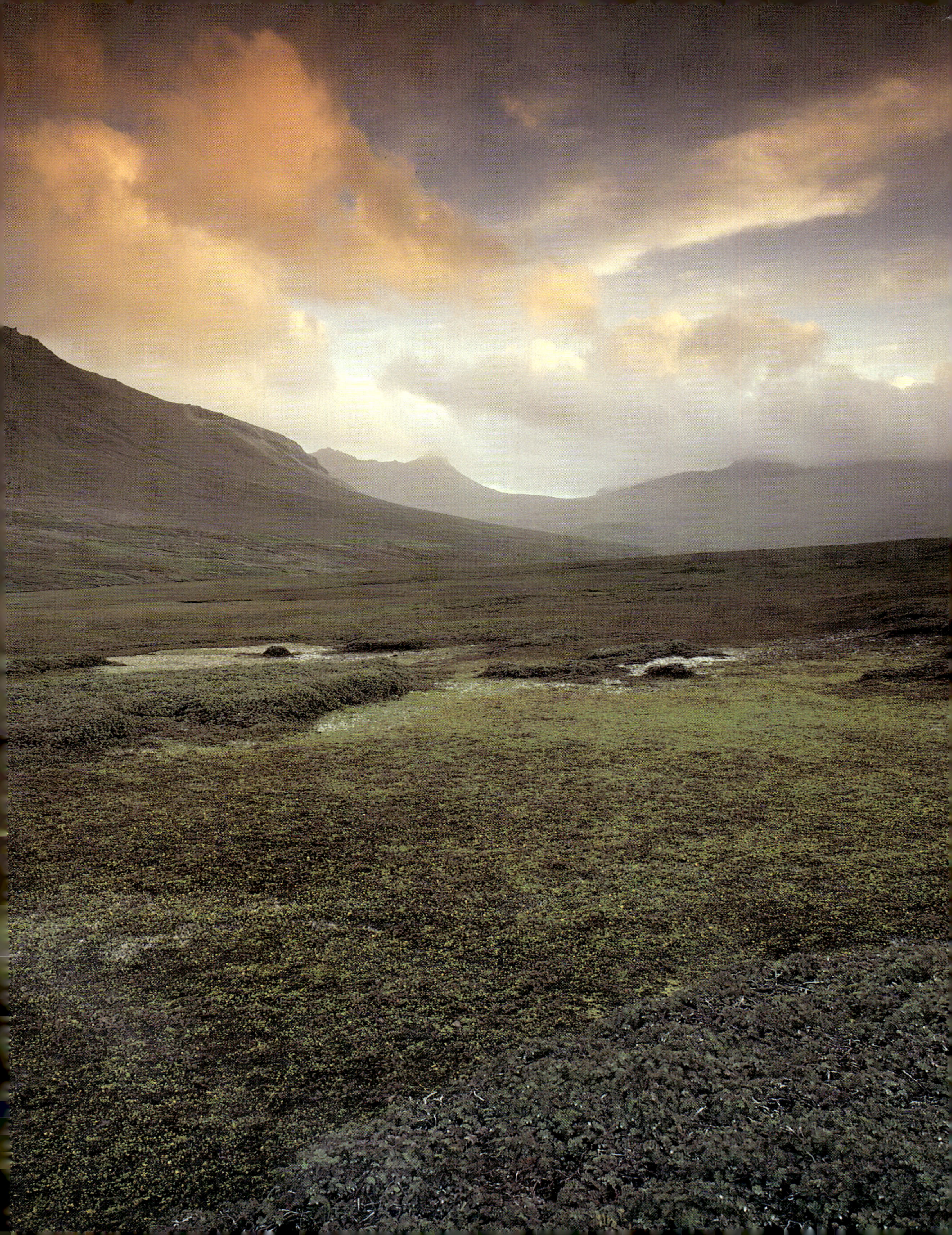

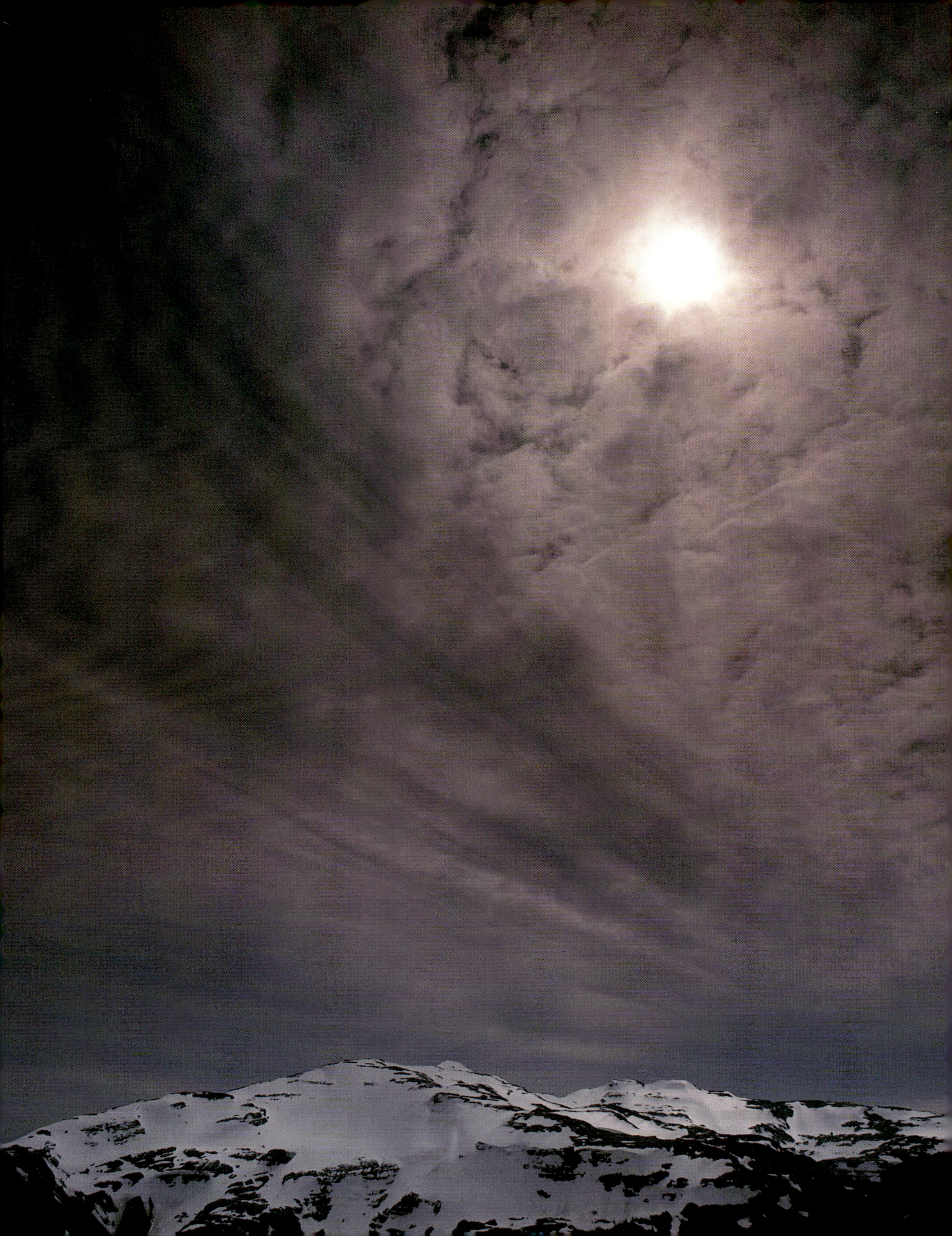

Port-aux-Français

Nuage lenticulaire   Lenticular cloud   Linsenwolke

Plateau glaciaire Cook

Armor

Approche d'un front sur le pic Joliot-Curie.

Approaching front over Pic Joliot-Curie.

Nahende Front über dem Pic Joliot-Curie.

33

Lac sans nom sur la presqu'île Rallier du Baty.

Nameless lake on the Rallier du Baty Peninsula.

Namenloser See auf der Halbinsel Rallier du Baty.

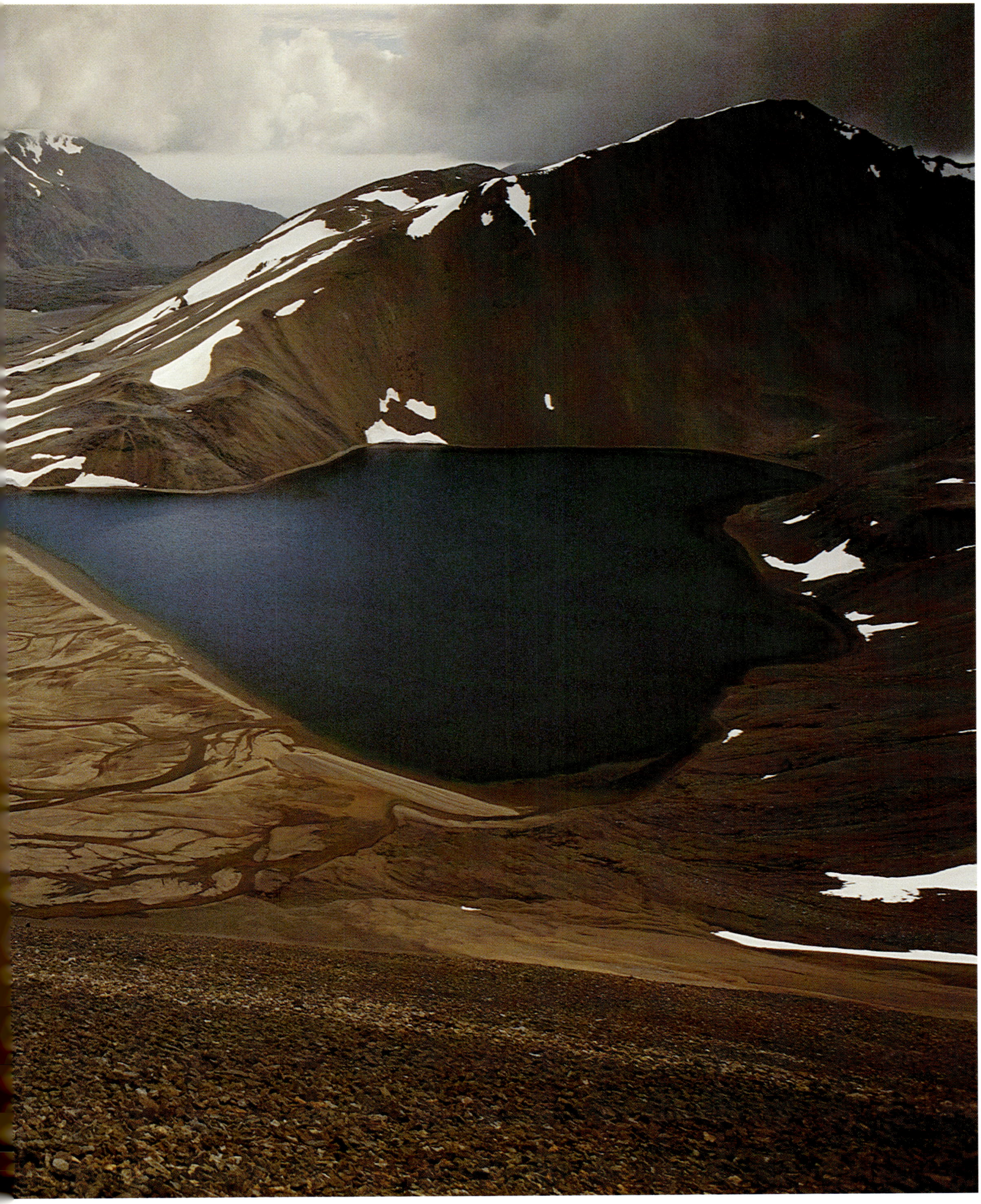

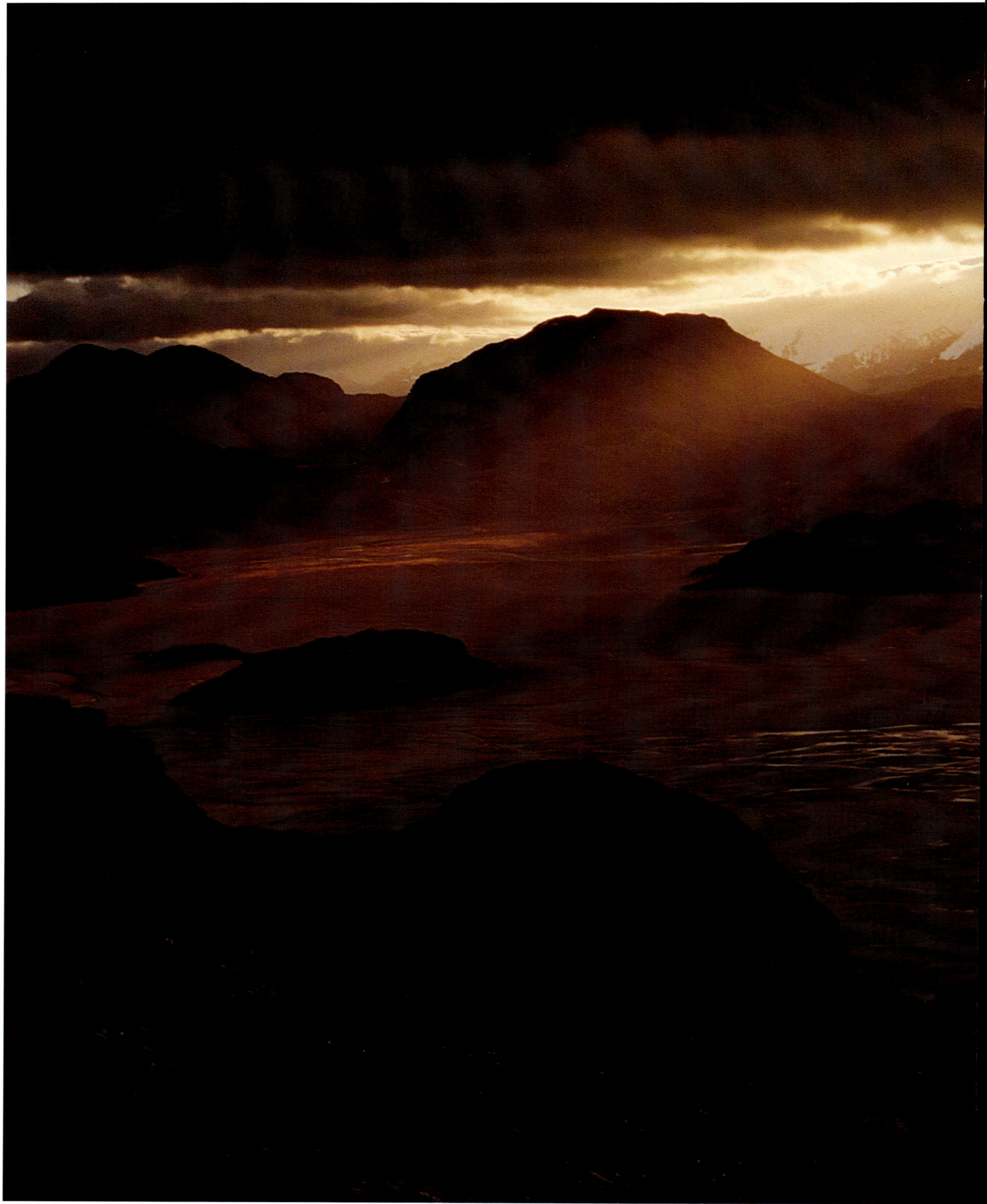

Remblaiements alluviaux dans la vallée de la Mouche avec la chaîne de montagnes volcanique sur la presqu'île Rallier du Baty.

Alluvial debris in Vallée de la Mouche with the volcanic range on the Rallier du Baty Peninsula.

Alluviale Aufschüttungen im Vallée de la Mouche mit der vulkanischen Gebirgskette auf der Halbinsel Rallier du Baty.

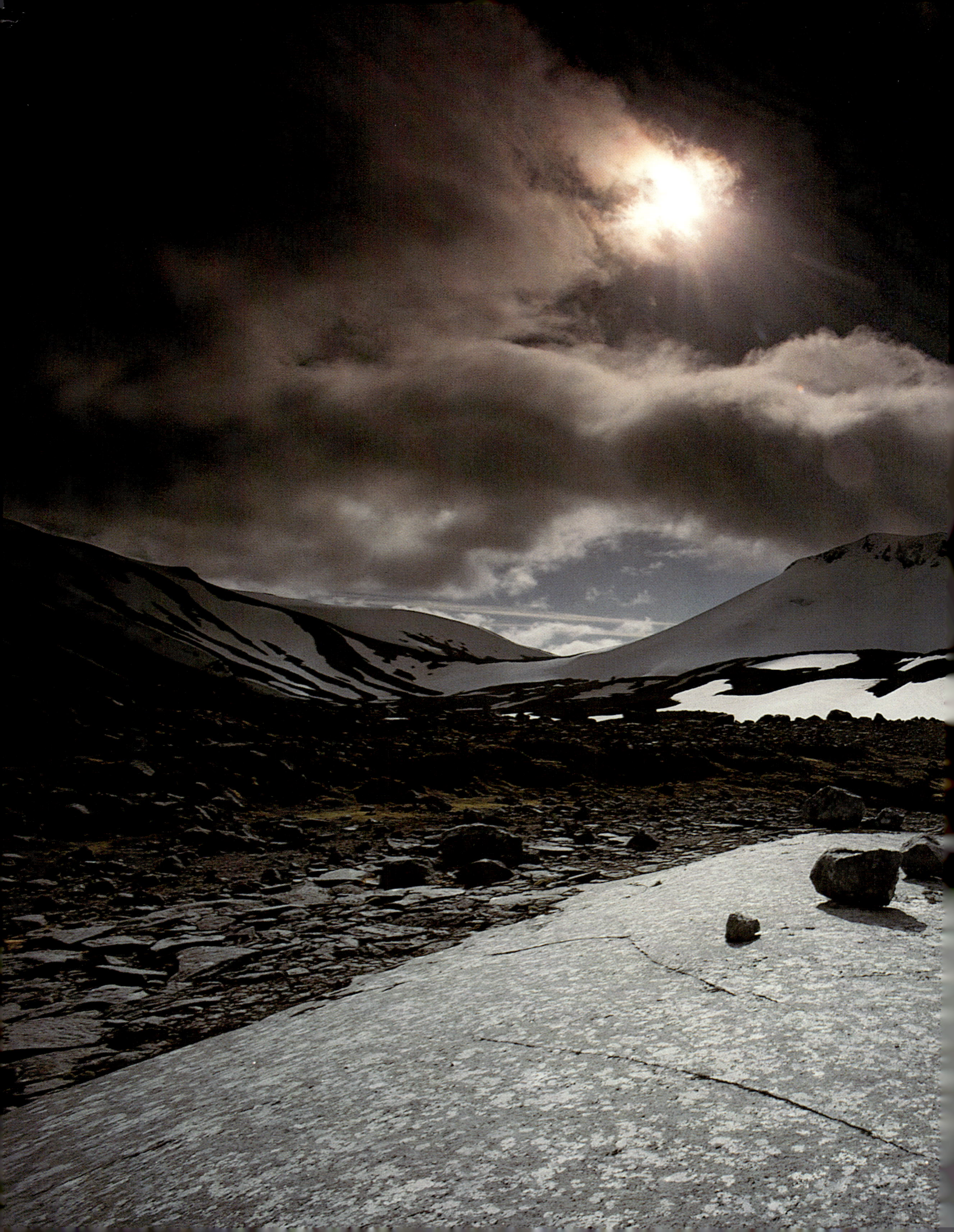

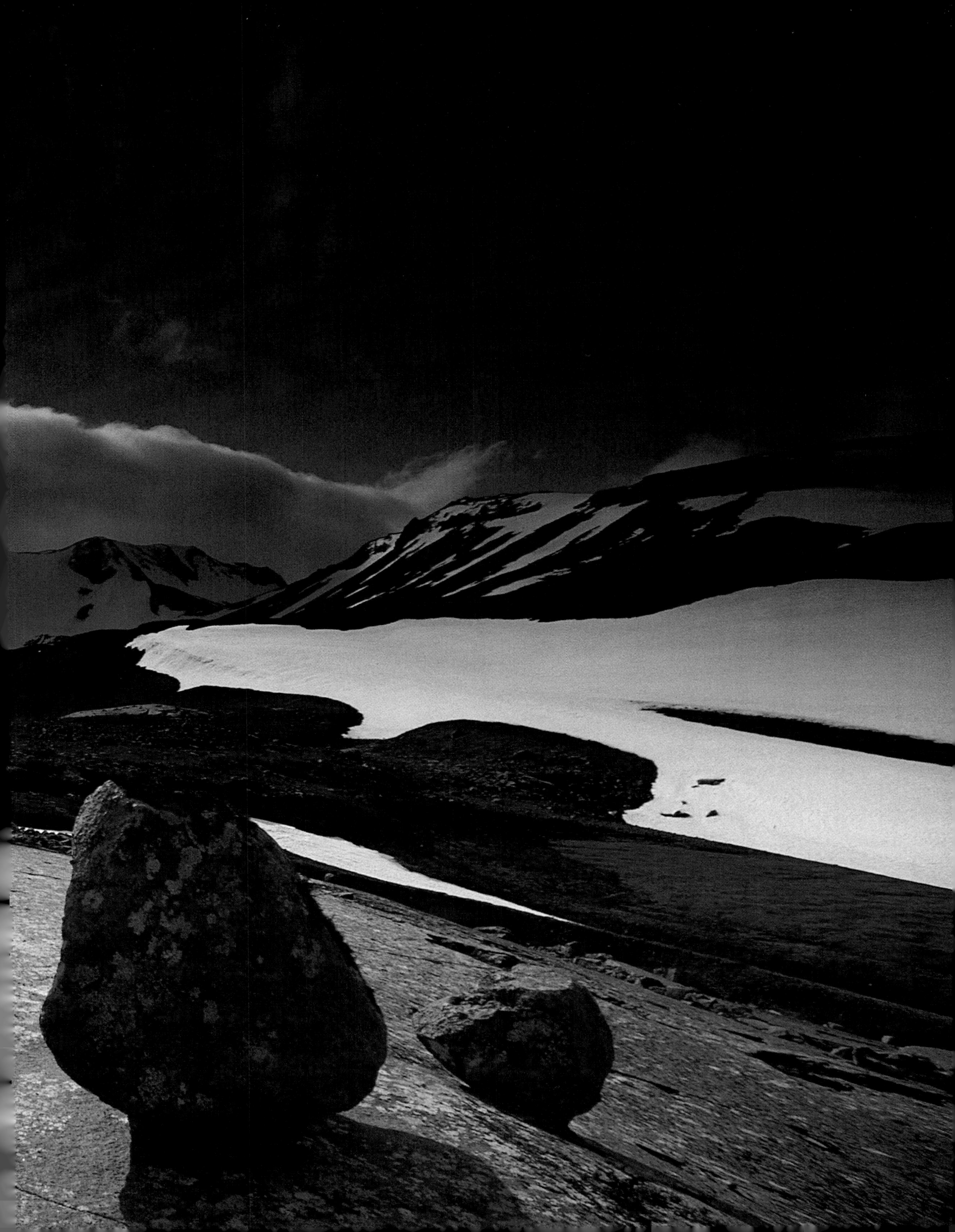

Jeux de lumières sur
le golfe du Morbihan.

A play of light at the
Golf of Morbihan.

Lichtspiel am
Golfe du Morbihan.

◄ Blocs erratiques dans un
univers montagneux vierge
de toute trace humaine.

Erratic blocks in an untouched mountain world.

Erratische Blöcke in
unbegangener Gebirgswelt.

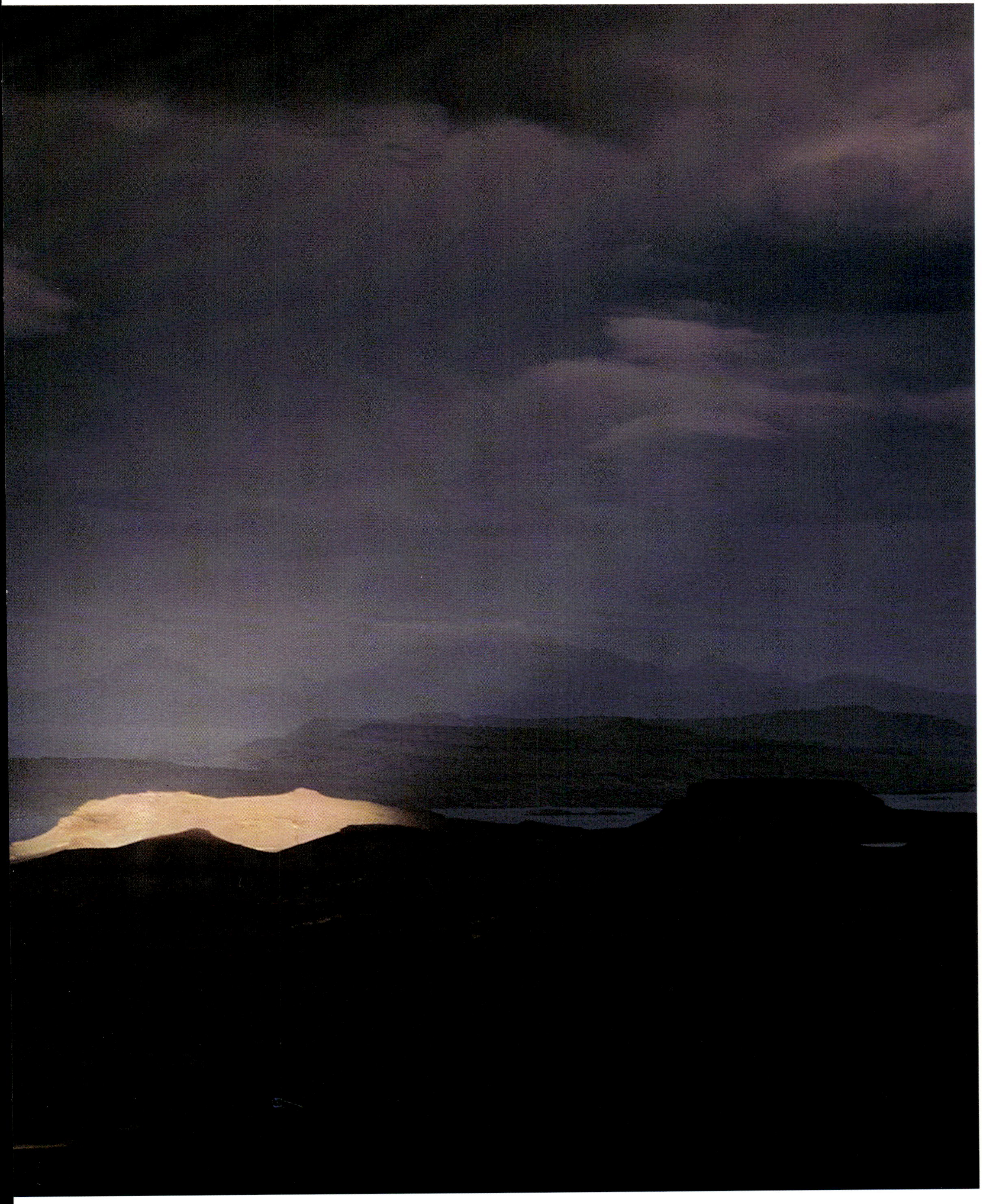

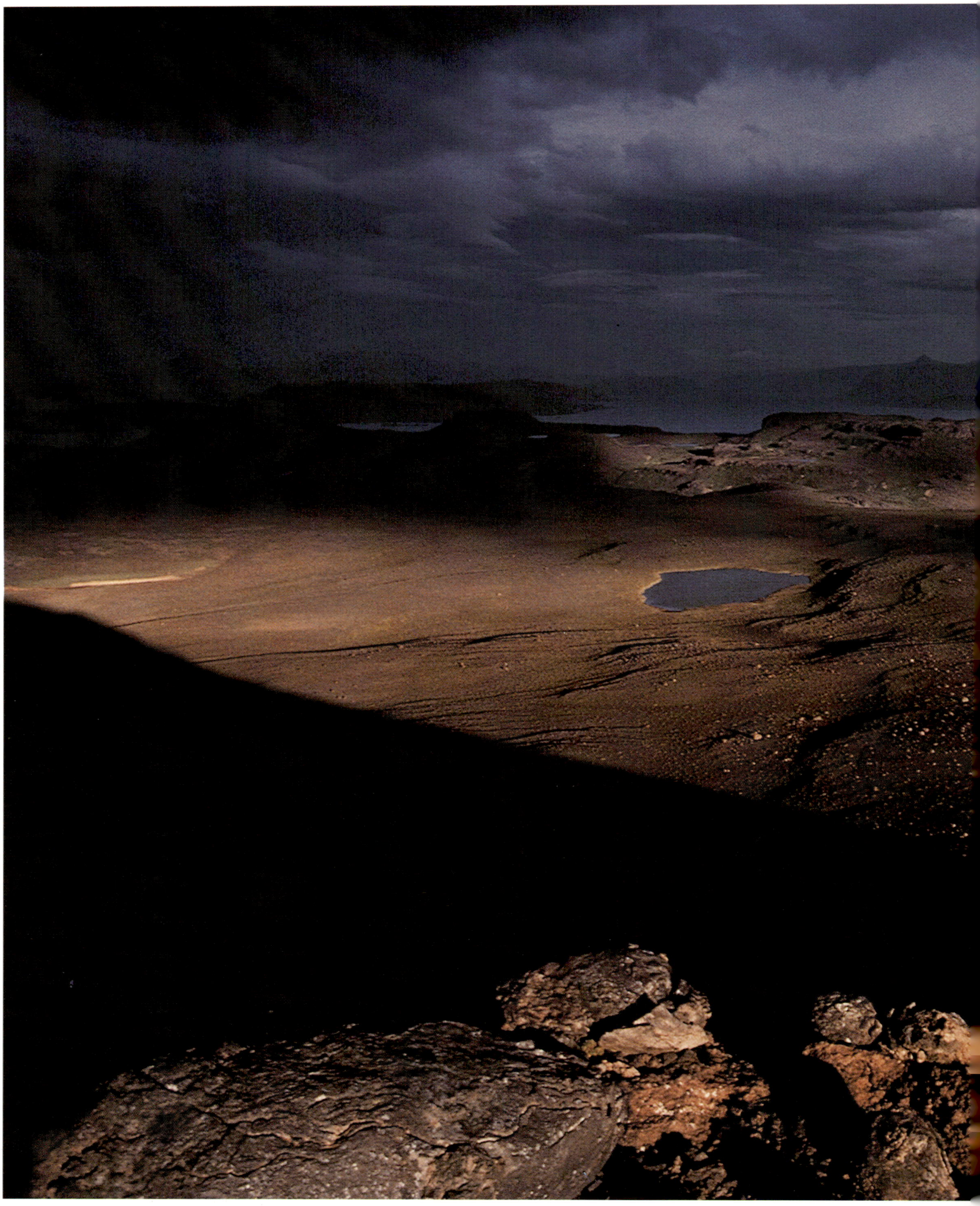

Lave solidifiée sur
le volcan du Diable.

Solidified lava on
the Diable volcano.

Erstarrte Lava auf
dem Vulkan du Diable.

Col de la Visée

Glacier Arago

Paysage basaltique   Basalt landscape   Basaltlandschaft

Vallée de l'Amphi

Oasis sur le versant nord du massif Galliéni.

Oasis on the north slope of the Galliéni massif.

Oase am Nordhang des Galliéni-Massivs.

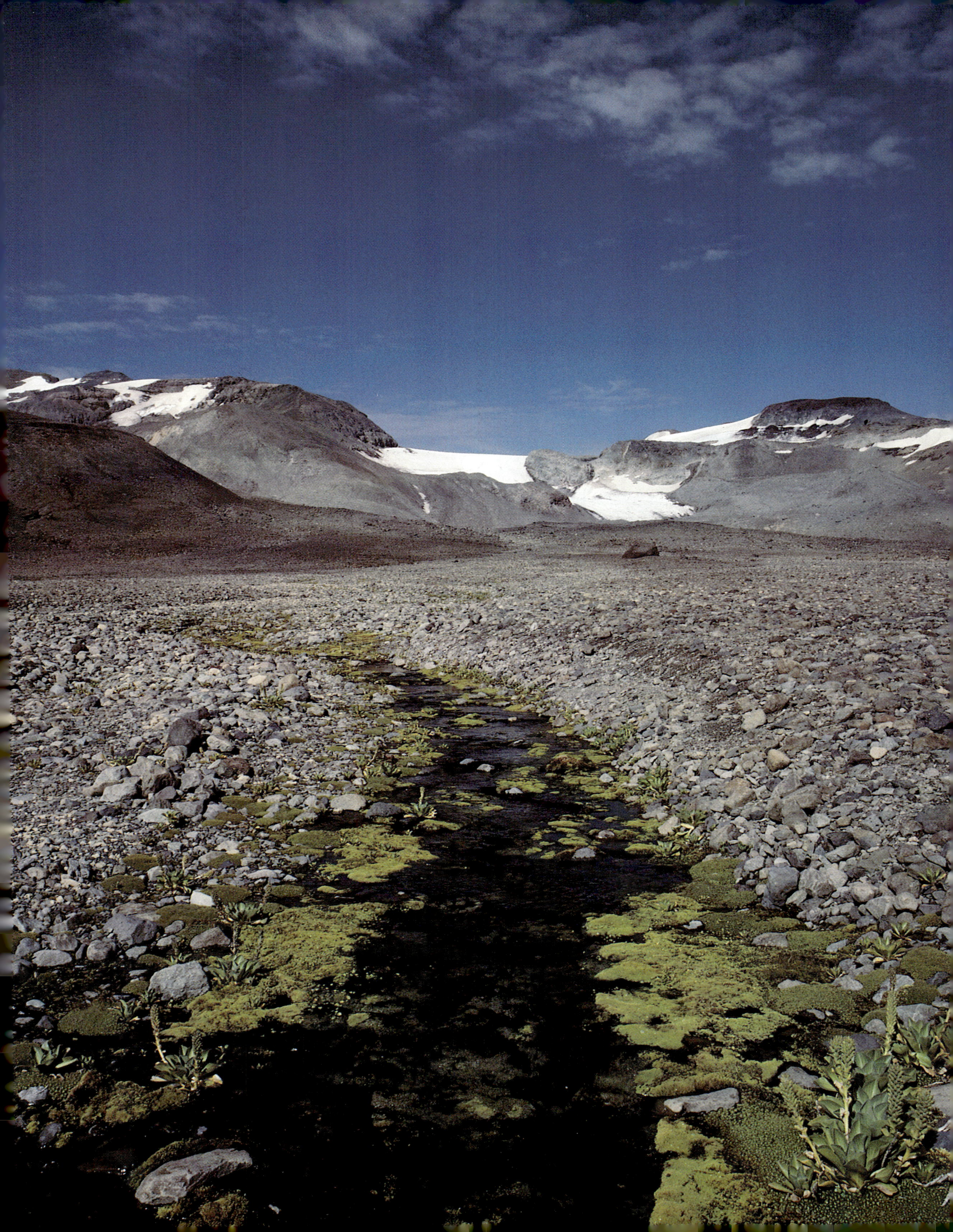

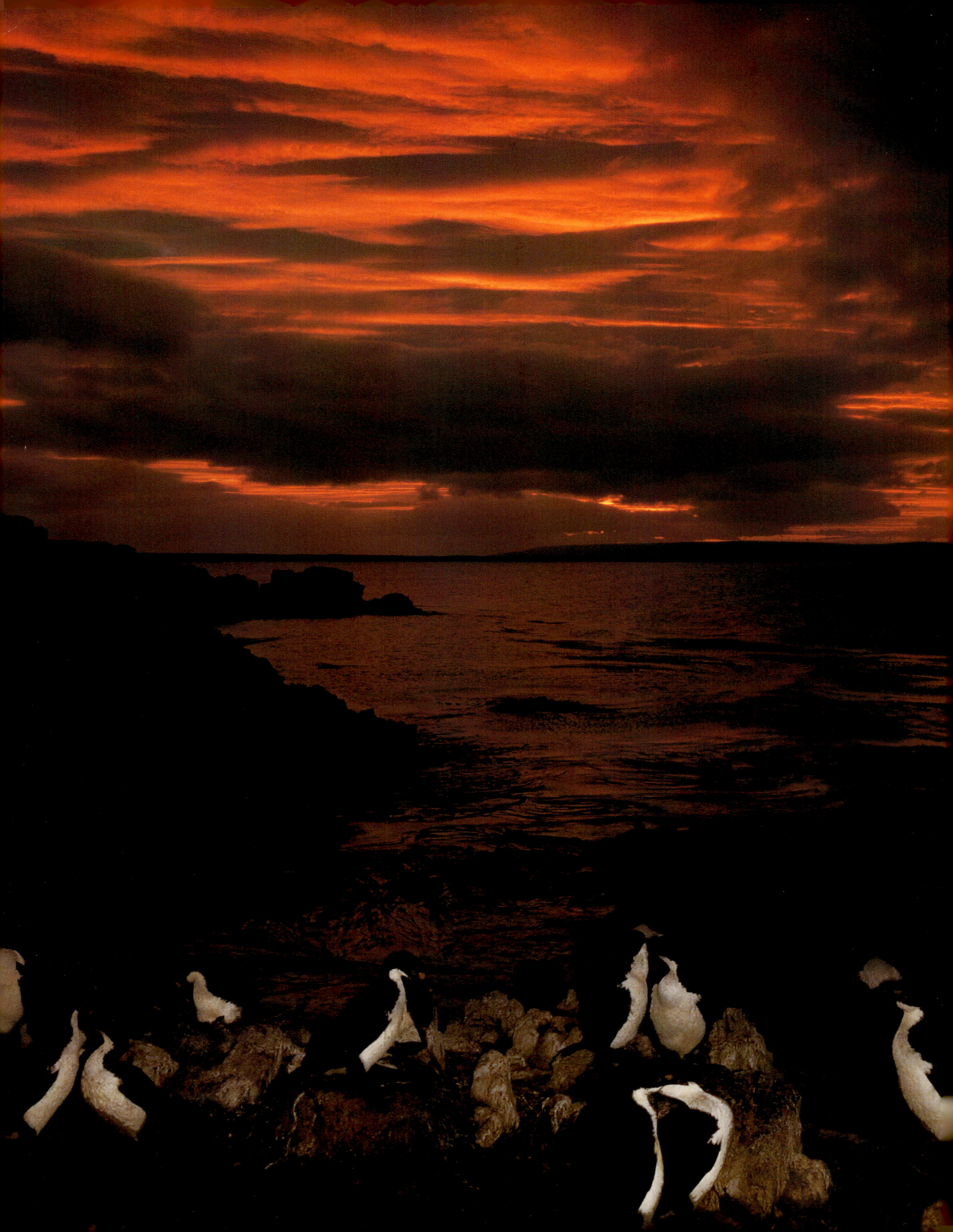

…du golfe du Morbihan.

…of the Golf du Morbihan.

…von Golfe du Morbihan.

Cormorans de Kerguelen sur la côte…

Kerguelen cormorants on the coast…

Kerguelenkormorane an der Küste…

Touches de couleurs
sur le plateau basaltique.

A touch of color
on the basalt plateau.

Farbtupfer auf
dem Basaltplateau.

Basalte érodé par un glacier sur le Plateau central.

Glacier-polished basalt on the Central Plateau.

Gletschergeschliffener Basalt auf dem Zentralplateau.

Surface d'érosion d'humus
et de sédiments causée par des
éléphants de mer.

Eroded areas of humus
and sediments caused by
elephant seals.

Erosionsfläche von Humus
und Sedimenten durch See-
elefanten verursacht.

Là, un vent constant
ne permet qu'aux lichens
de survivre.

Where only lichen
survive in the constant
wind.

Wo der immerwährende
Wind nur den Flechten ein
Dasein erlaubt.

Bombe volcanique en décomposition.

Weathered lava bomb.

Verwitternde Lavabombe.

Formation de basalte sur le Plateau central.

Basalt formation on the Central Plateau.

Basaltformation auf dem Zentralplateau.

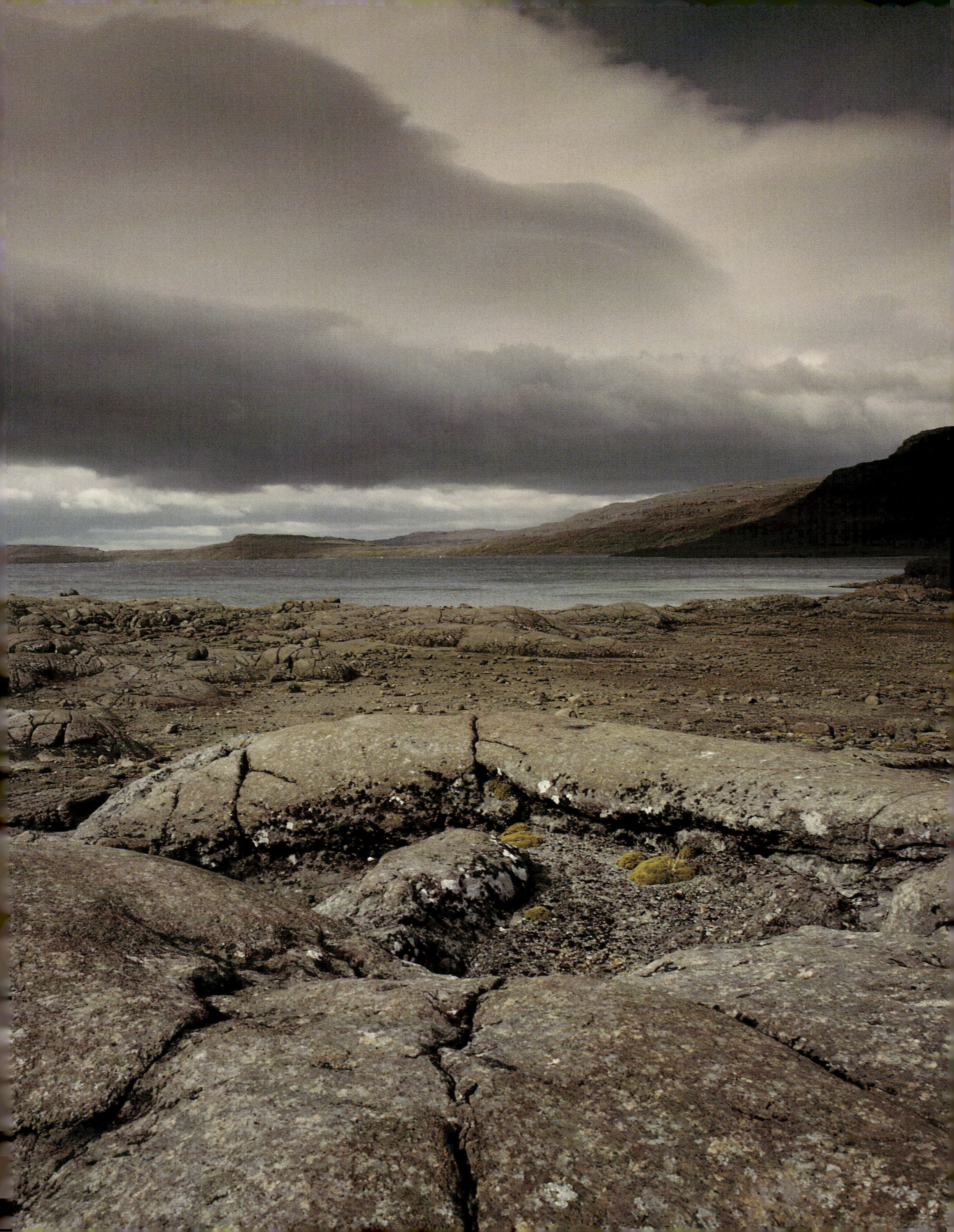

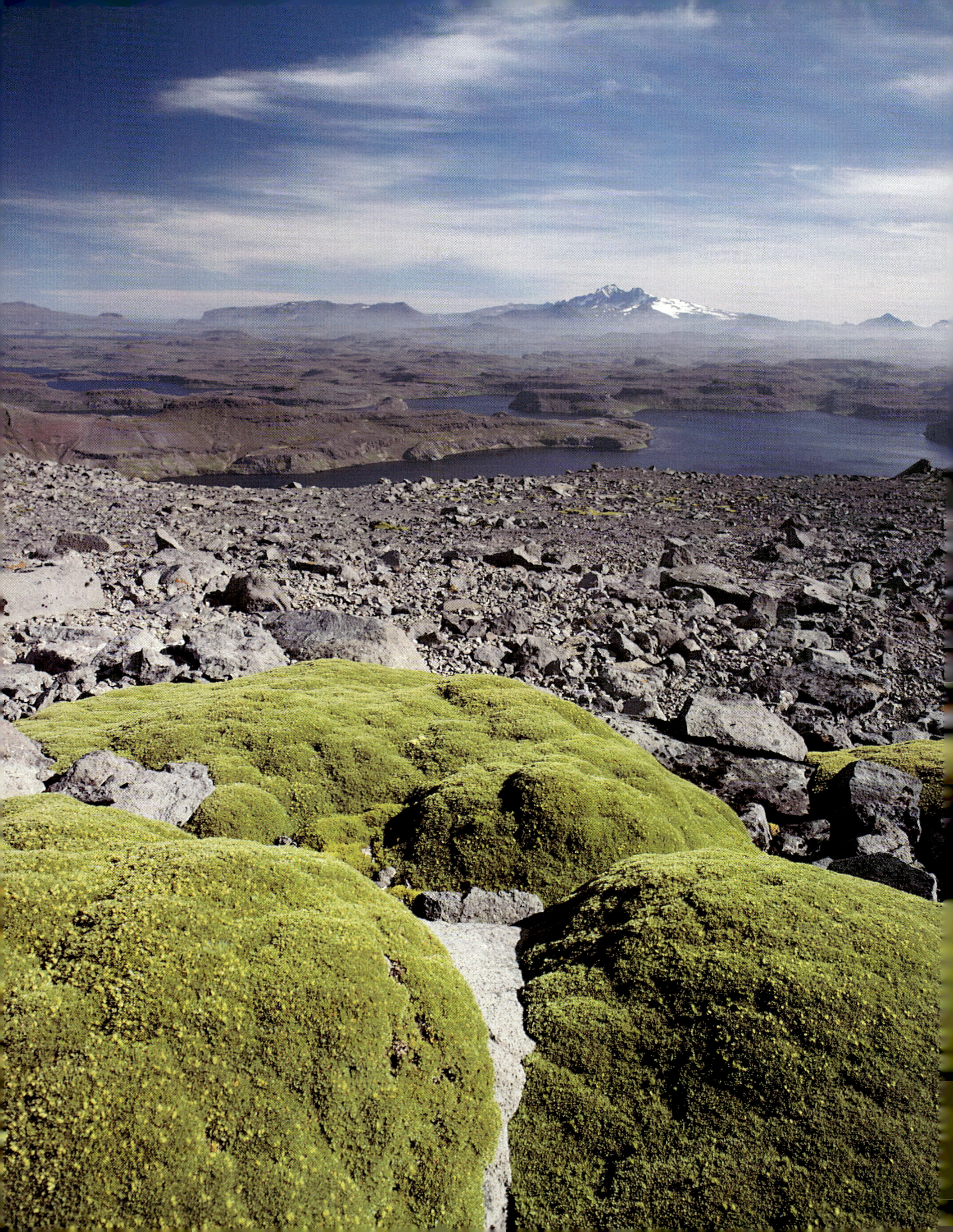

Coussin d'Azorelles dans
la vallée de la Mouche.

Azorella cushions in
Vallée de la Mouche.

Azorella-Polster im
Vallée de la Mouche.

Azorelles sur la presqu'île Courbet avec le Mont Ross en arrière-plan.

Azorellas on the Courbet Peninsula, with Mount Ross on the horizon.

Azorellas auf der Halbinsel Courbet mit Mont Ross im Hintergrund.

Le Mont Evans, une voie d'accès dégagée sur la presqu'île Jeanne d'Arc.

Mount Evans, exposed lava plug on the Jeanne d'Arc Peninsula.

Mont Evans, ein freigelegter Fördergang auf der Halbinsel Jeanne d'Arc.

Restes d'un glacier disparu
depuis longtemps.

Remnants of a
long-gone glacier.

Hinterlassenschaft eines längst
verschwundenen Gletschers.

Couche de basalte
sculptée par le ressac
sur la côte ouest.

Surf-sculptured basalt
on the west coast.

Brandungsskulpturierte
Basaltschicht
an der Westküste.

Basalte, lichens et pingouins
près de la caverne des phoquiers.

Basalt, lichen and penguins
near Caverne des Phoquiers.

Basalt, Flechten und Pinguine
bei Caverne des Phoquiers.

Œuvres d'érosion
au-dessus du glacier…

Forms created by
erosion above…

Erosionswerke oberhalb
des Gletschers…

…J. Brunhes sur la
presqu'île Rallier du Baty.

…the J. Brunhes Glacier,
Rallier du Baty Peninsula.

…J. Brunhes auf der
Halbinsel Rallier du Baty.

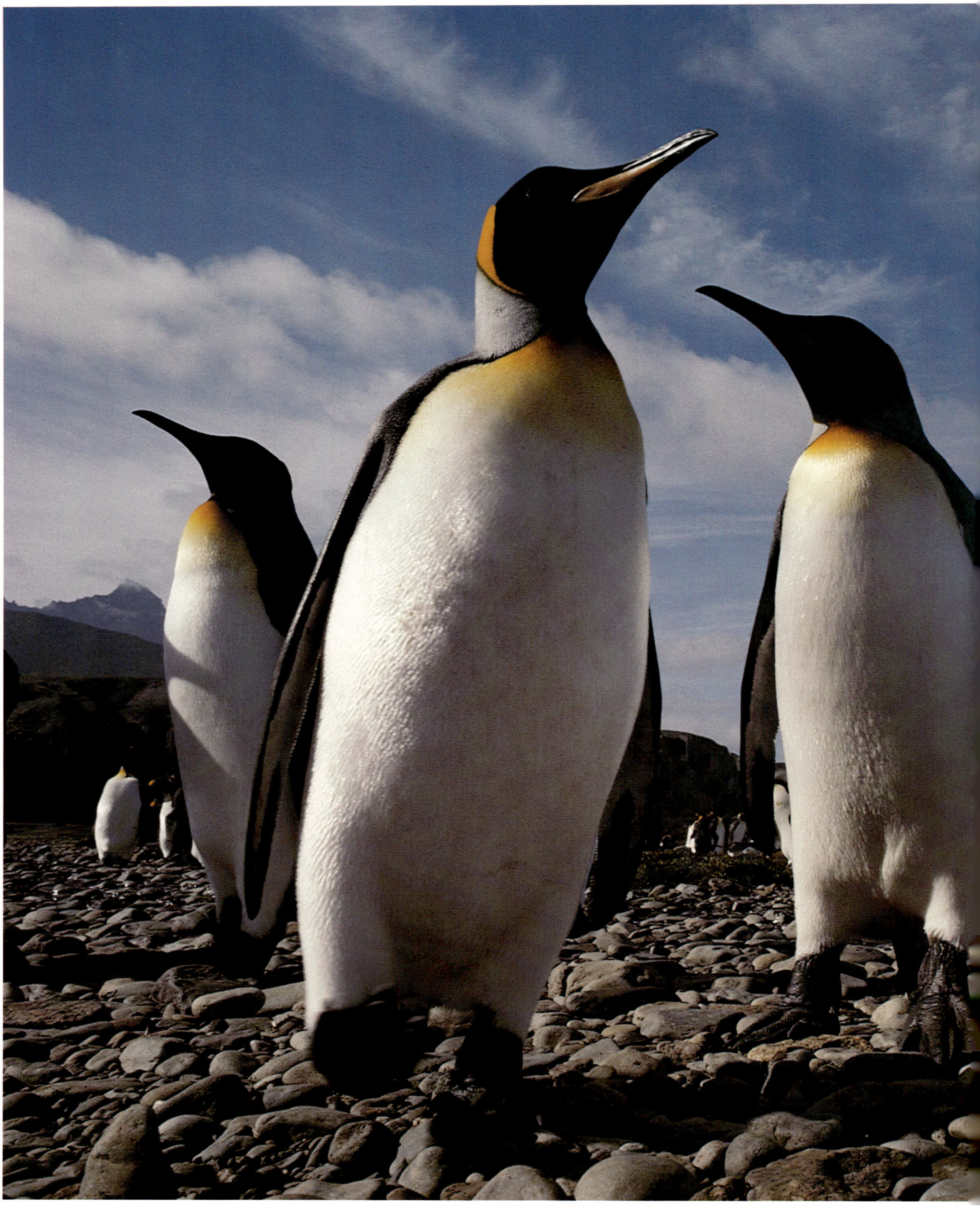

«Rois» dans la baie Larose sur la côte sud.

"Kings" near Baie Larose on the south coast.

«Könige» bei Baie Larose an der Südküste.

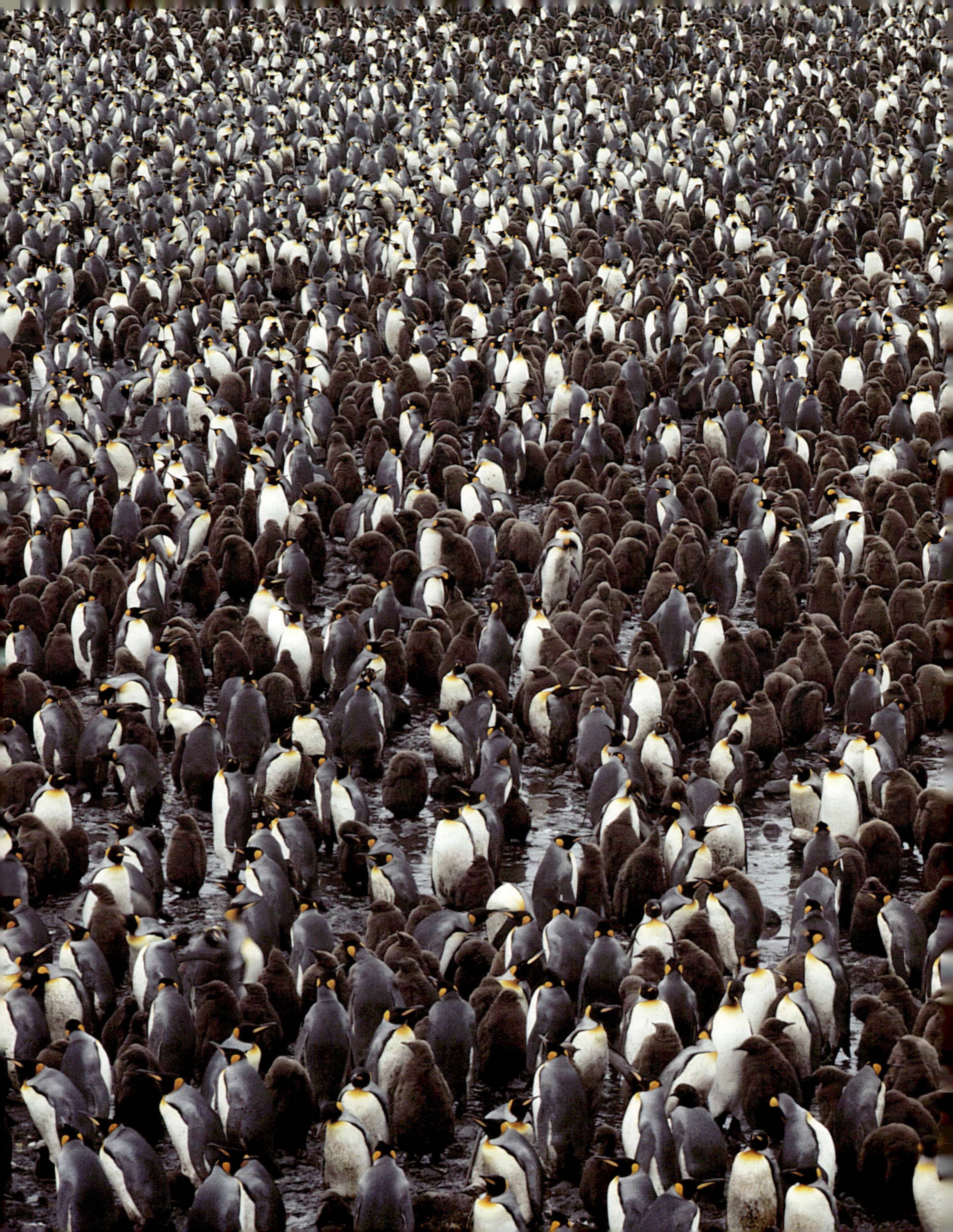

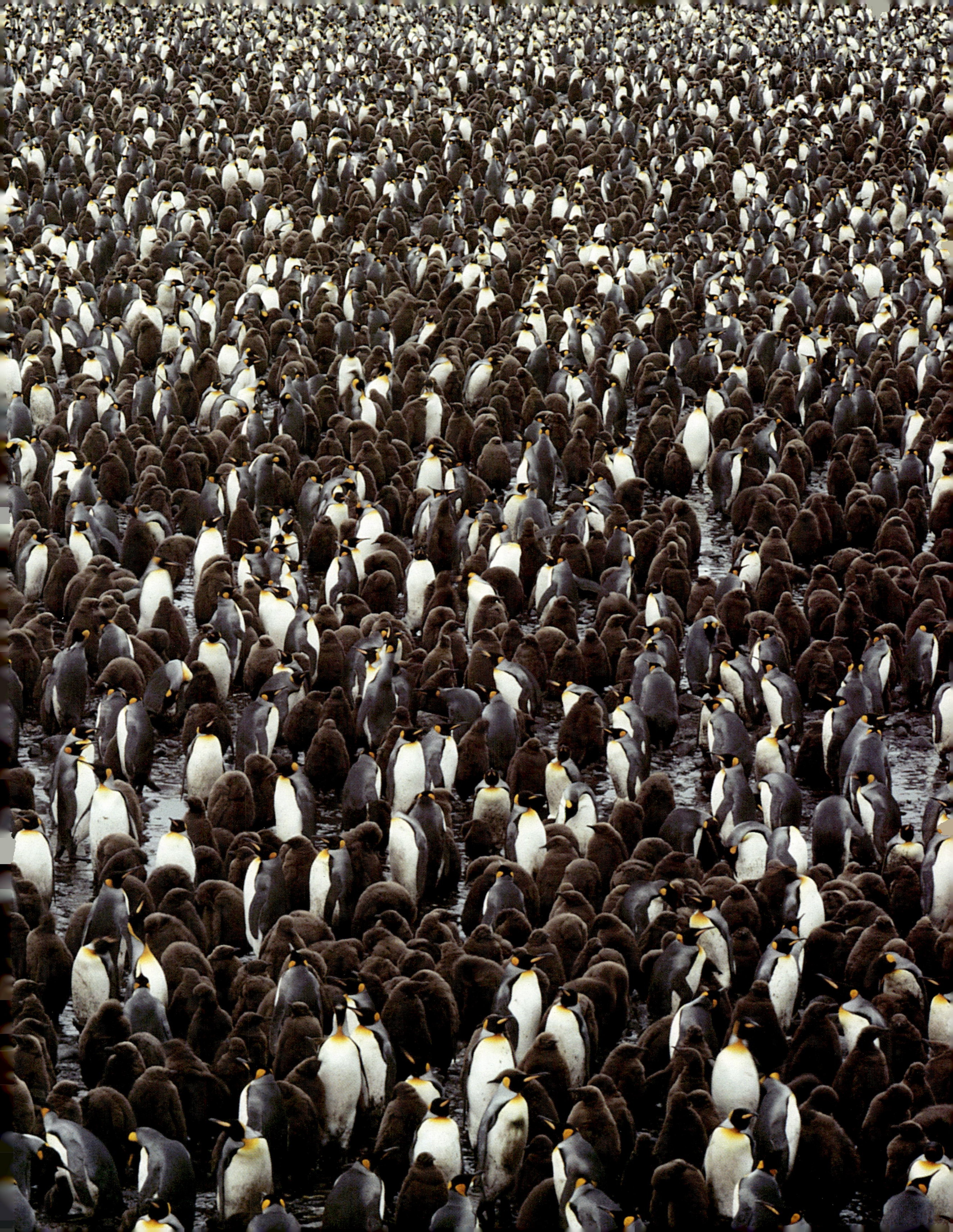

En grand arc de cercle
autour d'un barrage…

Wide detour
around a barricade.

Im grossen Bogen um
eine Wegsperre herum…

◀ Surpopulation,
Manchots Royaux.

Overpopulation,
King Penguins.

Überbevölkerung,
Königspinguine.

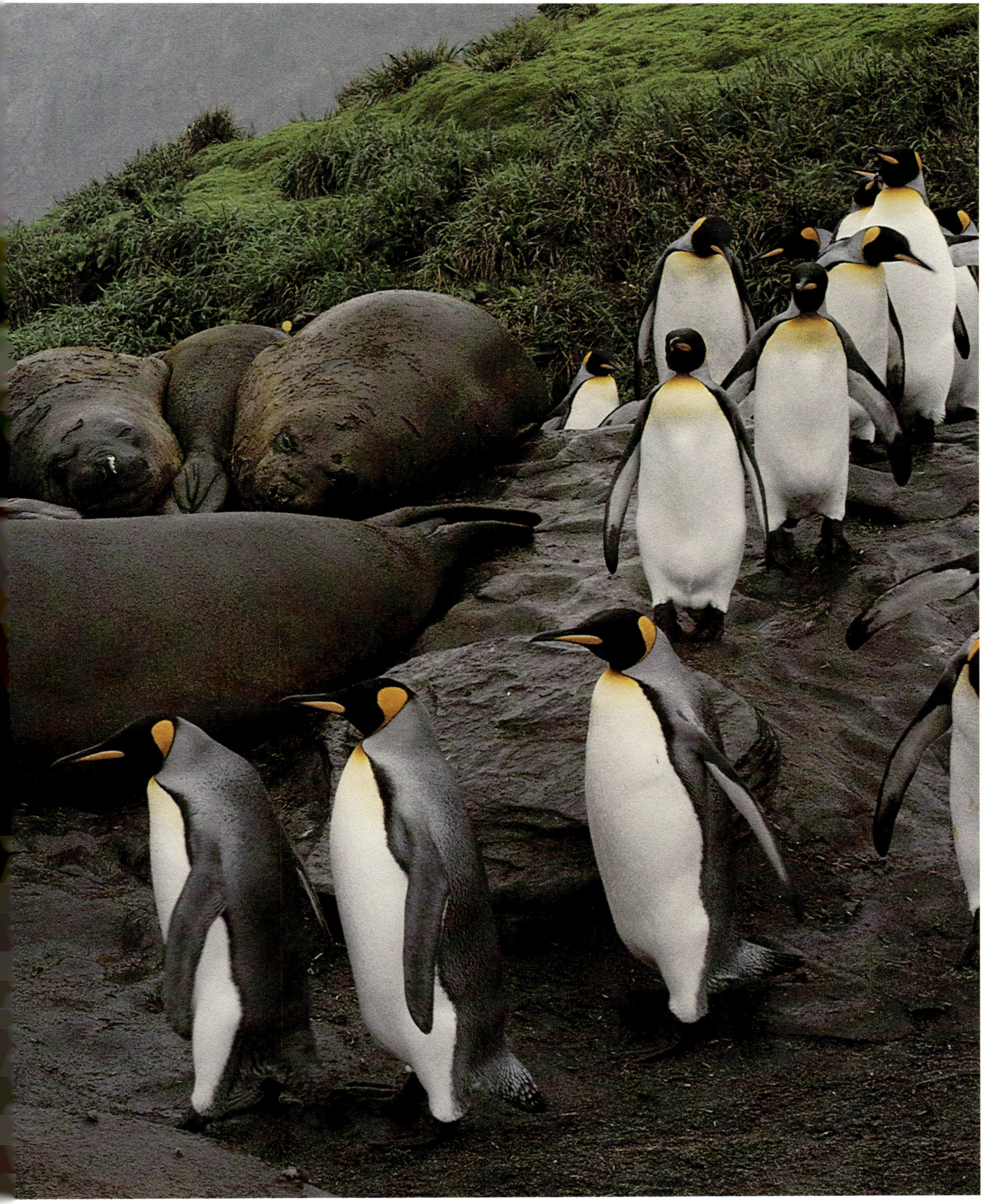

De la mousse dans une vallée
sans nom entourée de montagnes
en partie sans nom.

Moss in a nameless valley with
mountains, some also nameless.

Moos in einem namenlosen Tal
mit teils namenlosen Bergen.

La côte ouest toujours humide
avec l'île de l'Ouest à l'horizon.

The always wet west coast, with
Île de l'Ouest on the horizon.

Die immerfeuchte Westküste,
mit Île de l'Ouest am Horizont.

Terrain marécageux
dans le val Senestre.

Swampy tract of
land in Val Senestre.

Sumpfgelände
im Val Senestre.

Chou de Kerguelen
sur une langue de sable.

Kerguelen cabbage
on a spit of land.

Kerguelenkohl
auf einer Nehrung.

Eminence végétale (Acaena)
dans une zone d'érosion, péninsule
Courbet.

Vegetation humps (Acaena) in
an erosion zone on the Courbet
Peninsula.

Vegetationshöcker (Acaena)
in einer Erosionszone, Peninsula
Courbet.

Travail de triage des ouragans, du gel et de l'eau dans la vallée de l'Octant.

Effects of sorting by hurricanes, frost and water in the Vallée de l'Octant.

Sortierarbeit von Orkanen, Frost und Wasser im Vallée de l'Octant.

Vallée Haute sur la presqu'île Rallier du Baty.

Valée Haute on Rallier du Baty Peninsula.

Vallée Haute auf der Halbinsel Rallier du Baty.

Reste d'une éminence d'Acaena.

Remnants of an Acaena hump.

Reste eine Acaenahöckers.

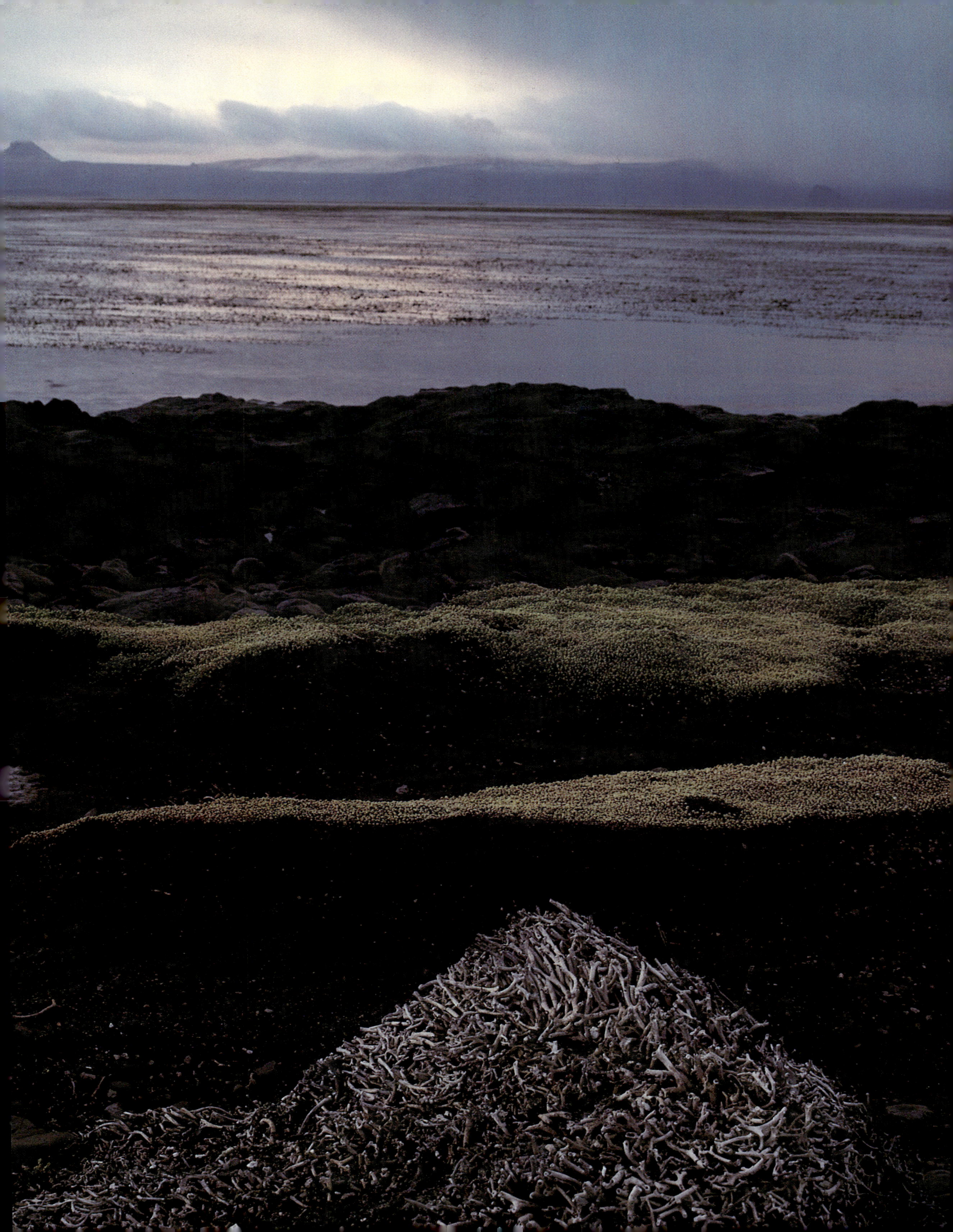

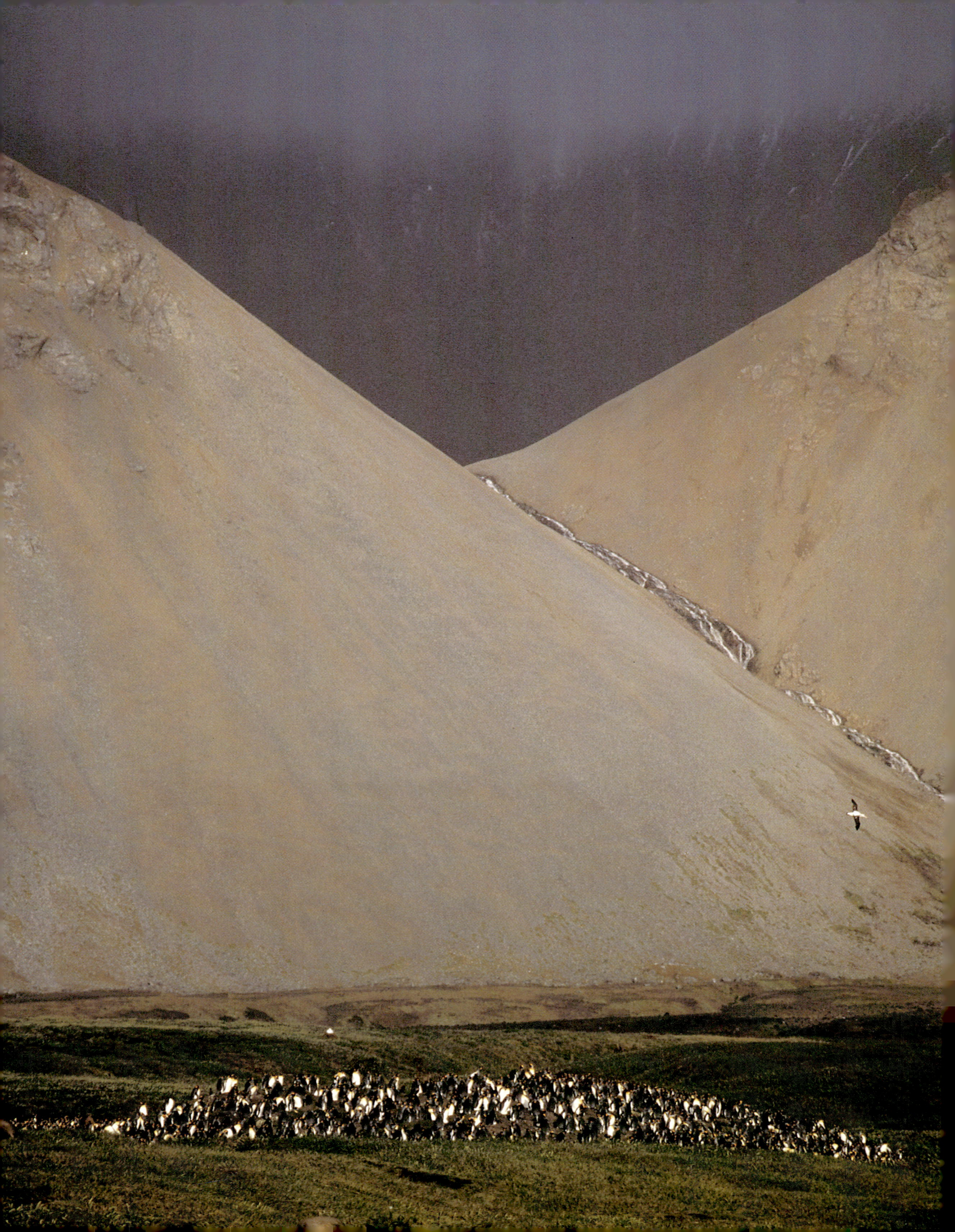

En chemin…

On the move…

Unterwegs…

Un lieu de repos «royal» dans la vallée du Telluromètre.

"Kingly" dwelling in Vallée du Telluromètre.

Ein «königlicher» Lagerplatz im Vallée du Telluromètre.

Vallée Milady avec des algues, des roches plutoniques (syénite) et un skua.

Skua, algae and plutonic rock (syenit) in Vallée Milady.

Vallée Milady mit Algen, Tiefengestein (Syenit) und einer Skua.

Un rocher nommé Doigt de Sainte-Anne et des Pingouins Royaux.

A cliff named St. Anne's Finger and King Penguins.

Ein Felsen namens «St. Annas Finger» und Königspinguine.

Azorella et mousse avec
la montagne Le Phare.

Azorella and moss
with Mont Le Phare.

Azorellas und Moose
mit Berg Le Phare.

Paysage rocheux dans le centre de Rallier du Baty.

Rocky scenery in central Rallier du Baty.

Felslandschaft im zentralen Rallier du Baty.

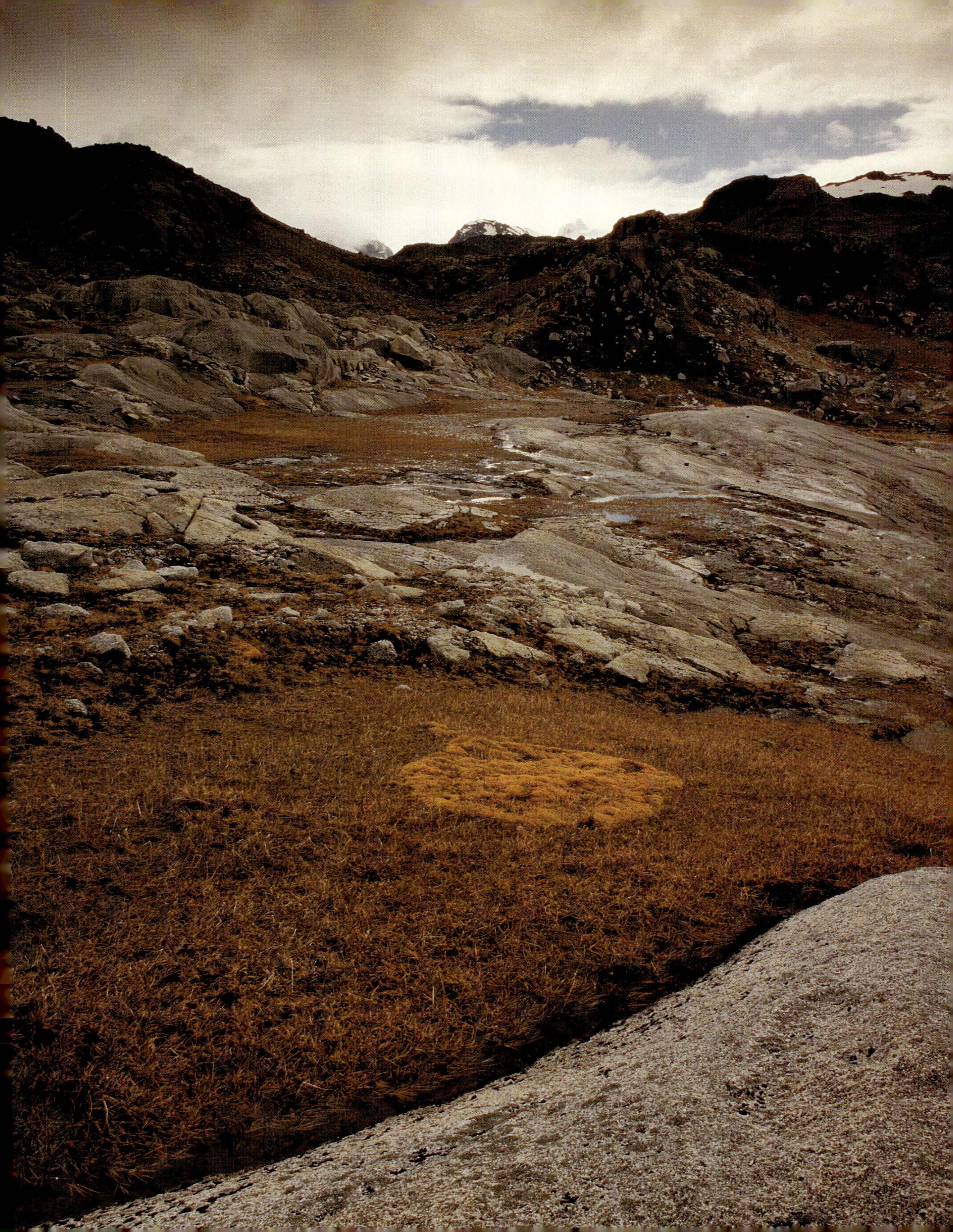

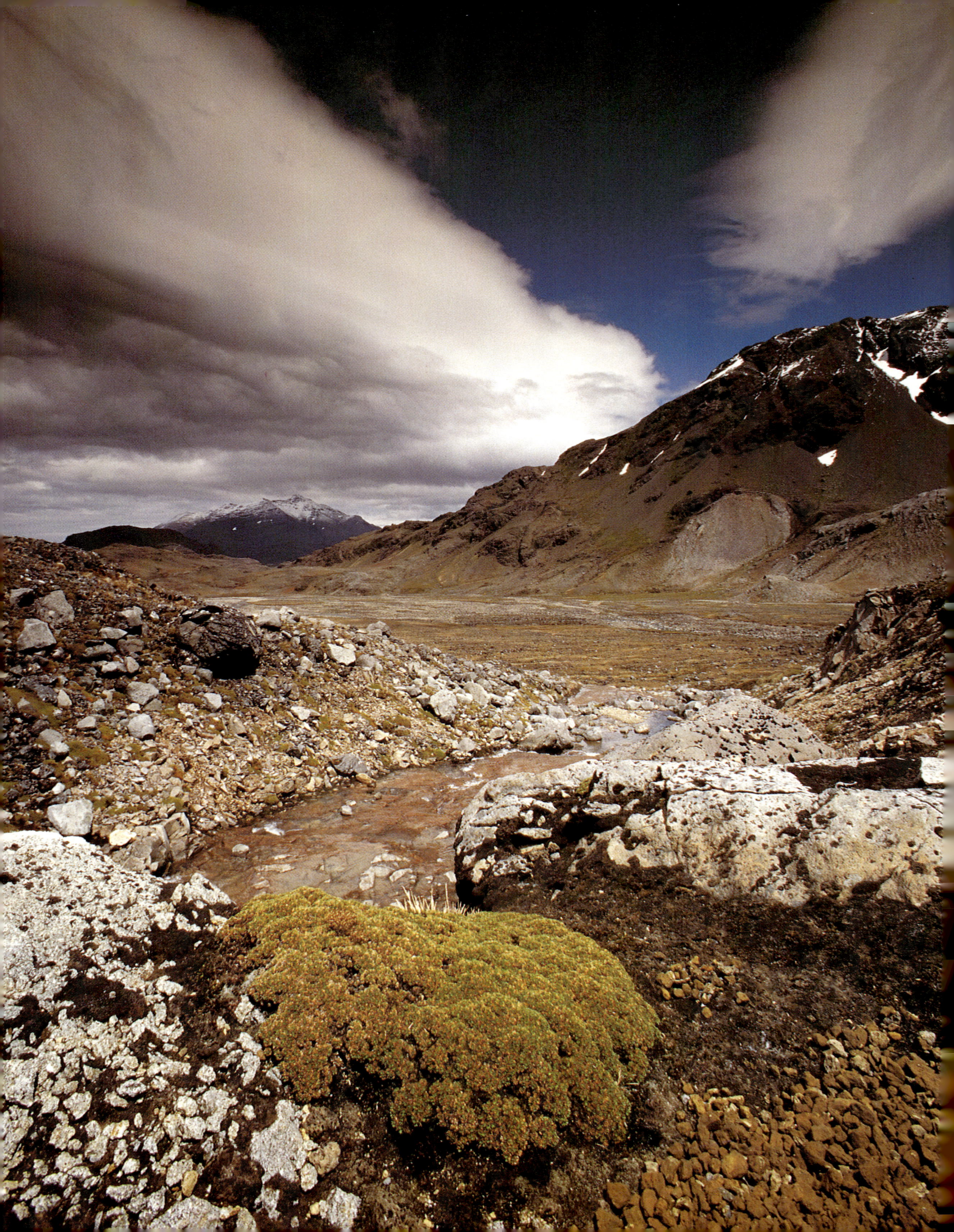

Mont Ross

Glacier Ampère   Copyright by Bertrand Moine

Le Bicorne

Vallée des Contacts

Région sans nom sur la presqu'île Rallier du Baty.

A nameless region on Rallier du Baty Peninsula.

Eine namenlose Gegend auf der Halbinsel Rallier du Baty.

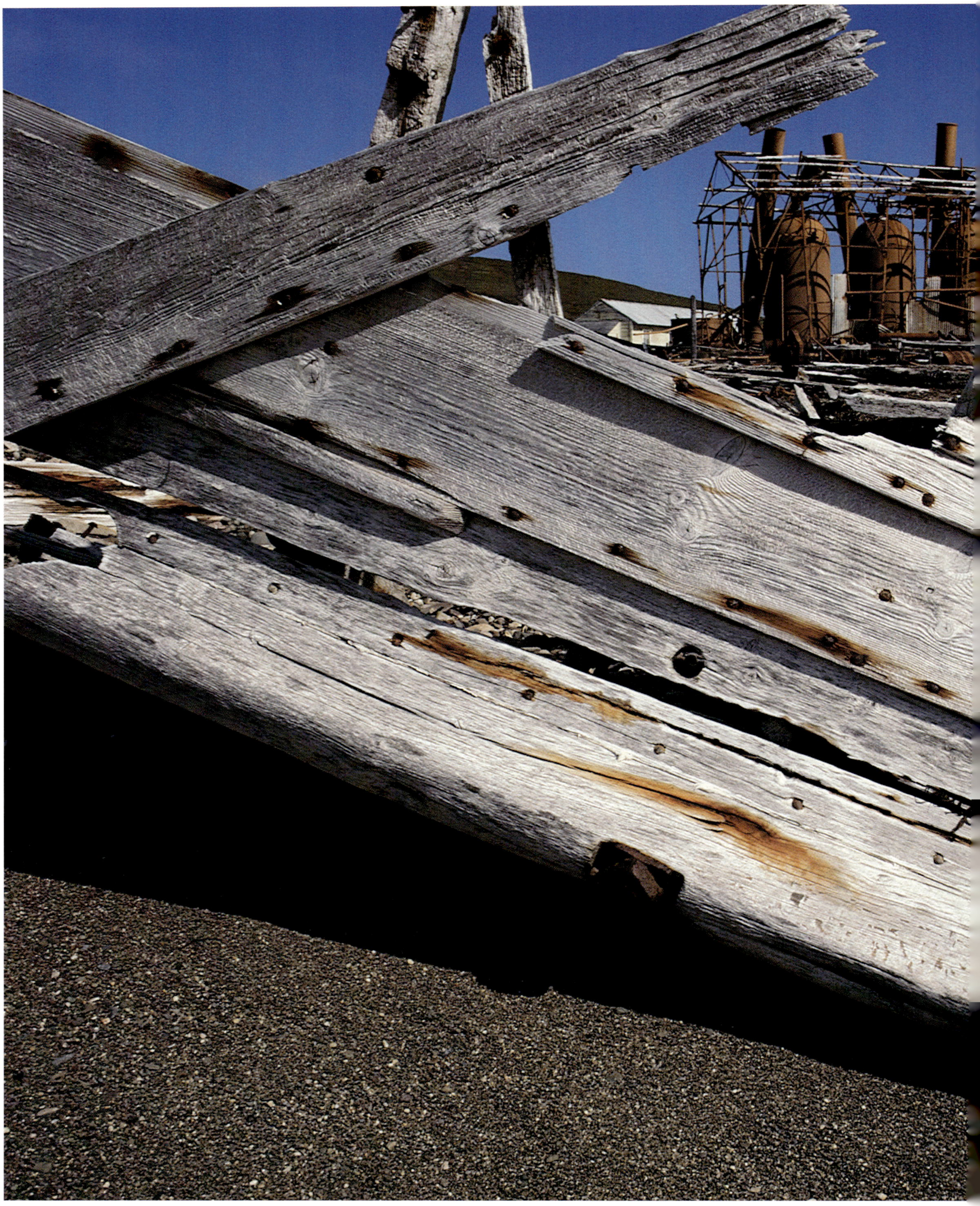

Port Jeanne d'Arc, station norvégienne d'exploitation des baleines, abandonnée dans les années 20.

Port Jeanne d'Arc, Norwegian whaling station abandoned in the Twenties.

Auf der in den zwanziger Jahren verlassenen norwegischen Walfangstation Port Jeanne d'Arc.

Formes de désagrégation
à Port Jeanne d'Arc.

Patterns of decay in
Port Jeanne d'Arc.

Formen der Auflösung
in Port Jeanne d'Arc.

87

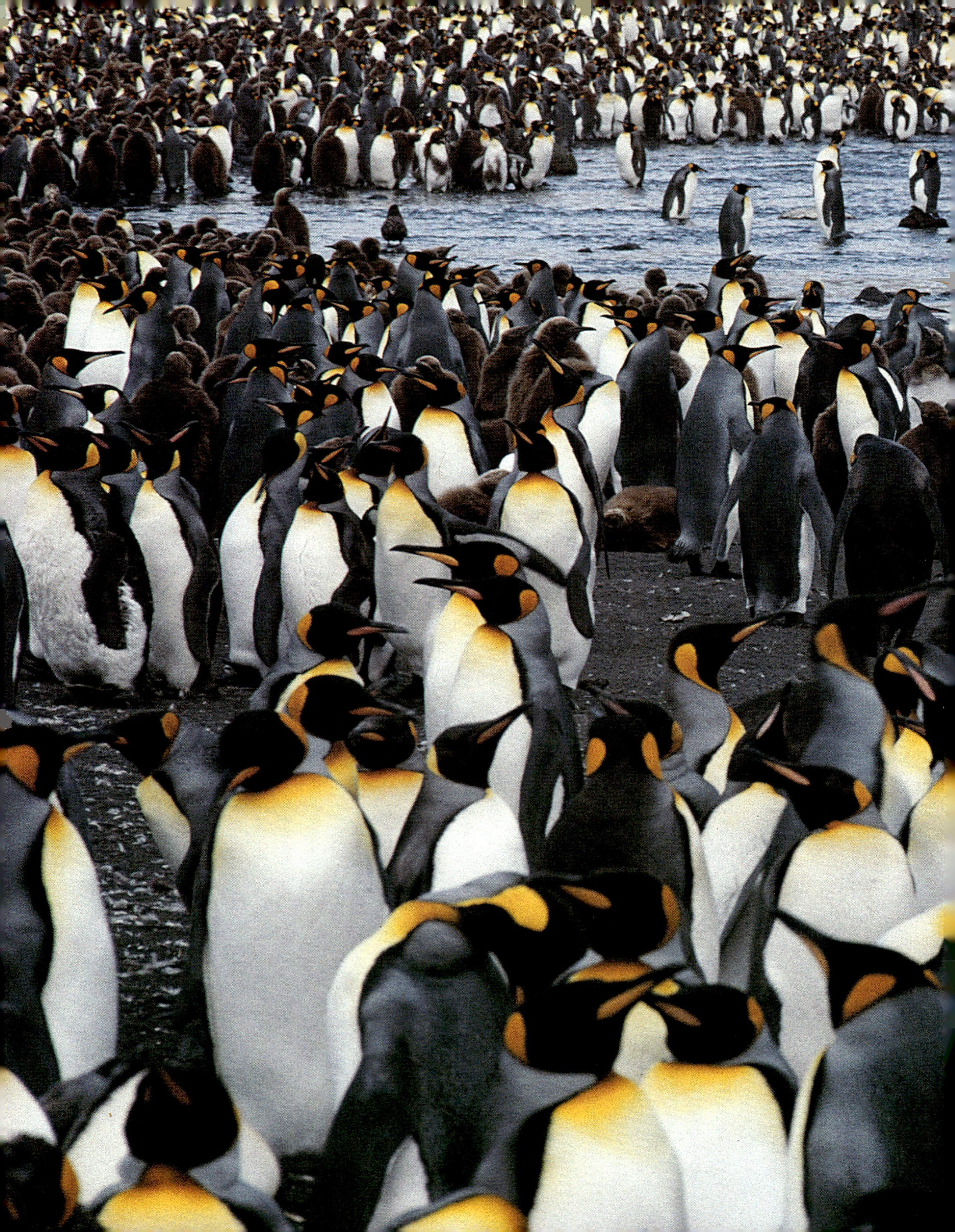

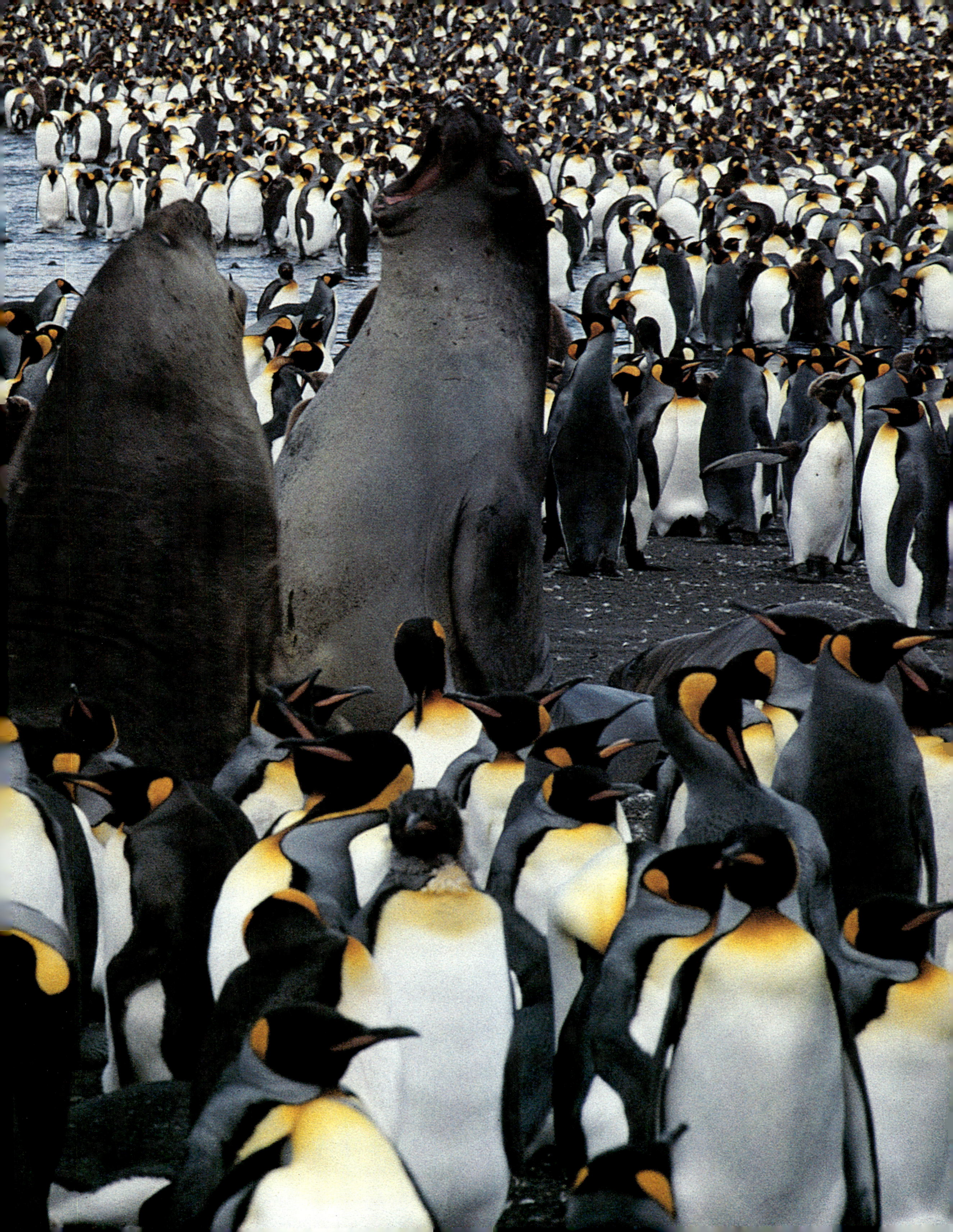

Varech nommé Durvillea.

Kelp called Durvillea.

Seetang namens Durvillea.

◀ Epreuve de force entre des «jeunes voyous» au cœur d'une société désintéressée.

Trial of strength amidst an indifferent group.

Kräftemessen Halbstarker inmitten einer desinteressierten Gesellschaft.

Durvillea déracinée.

Uprooted Durvillea kelp.

Entwurzelter Durvilleatang.

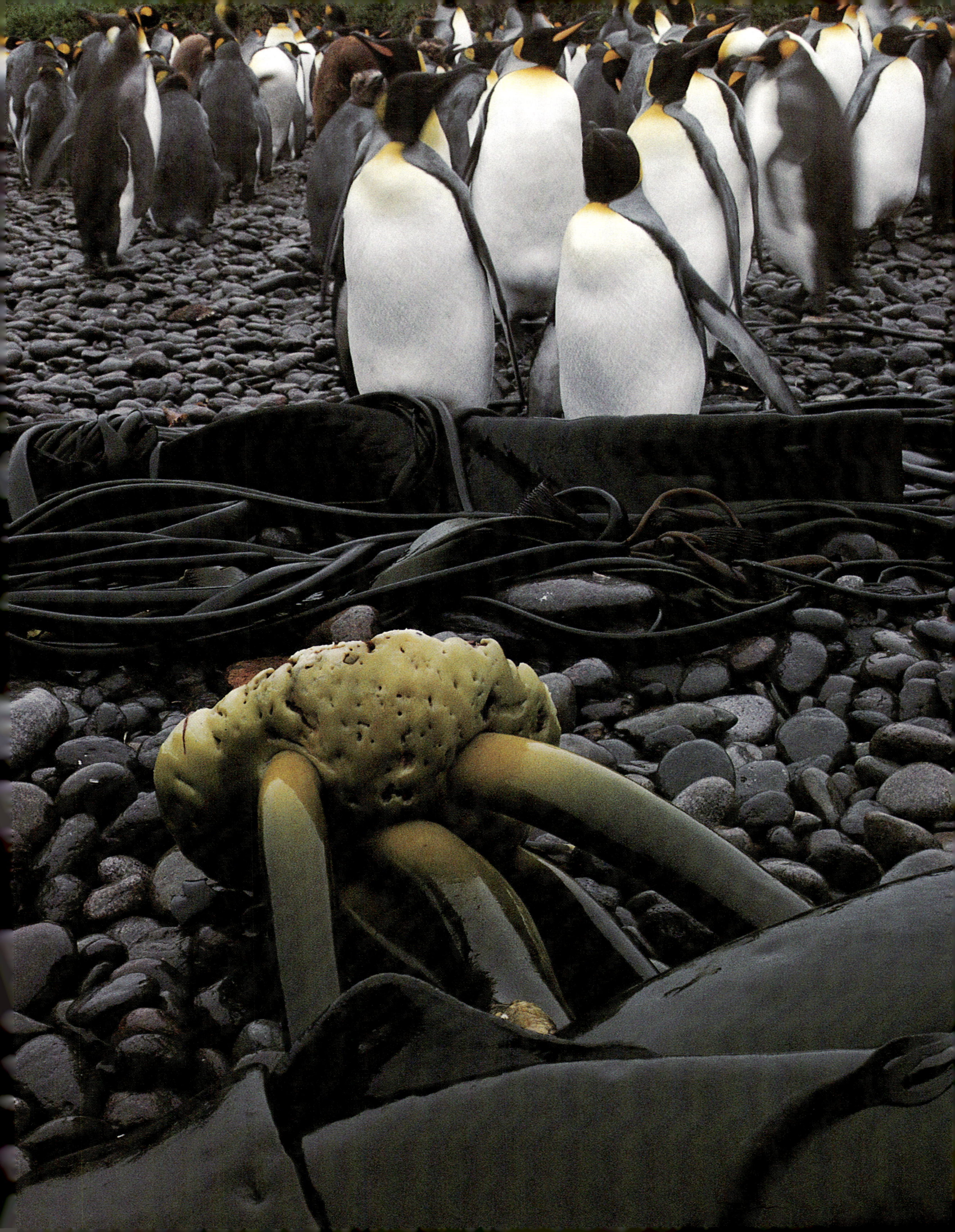

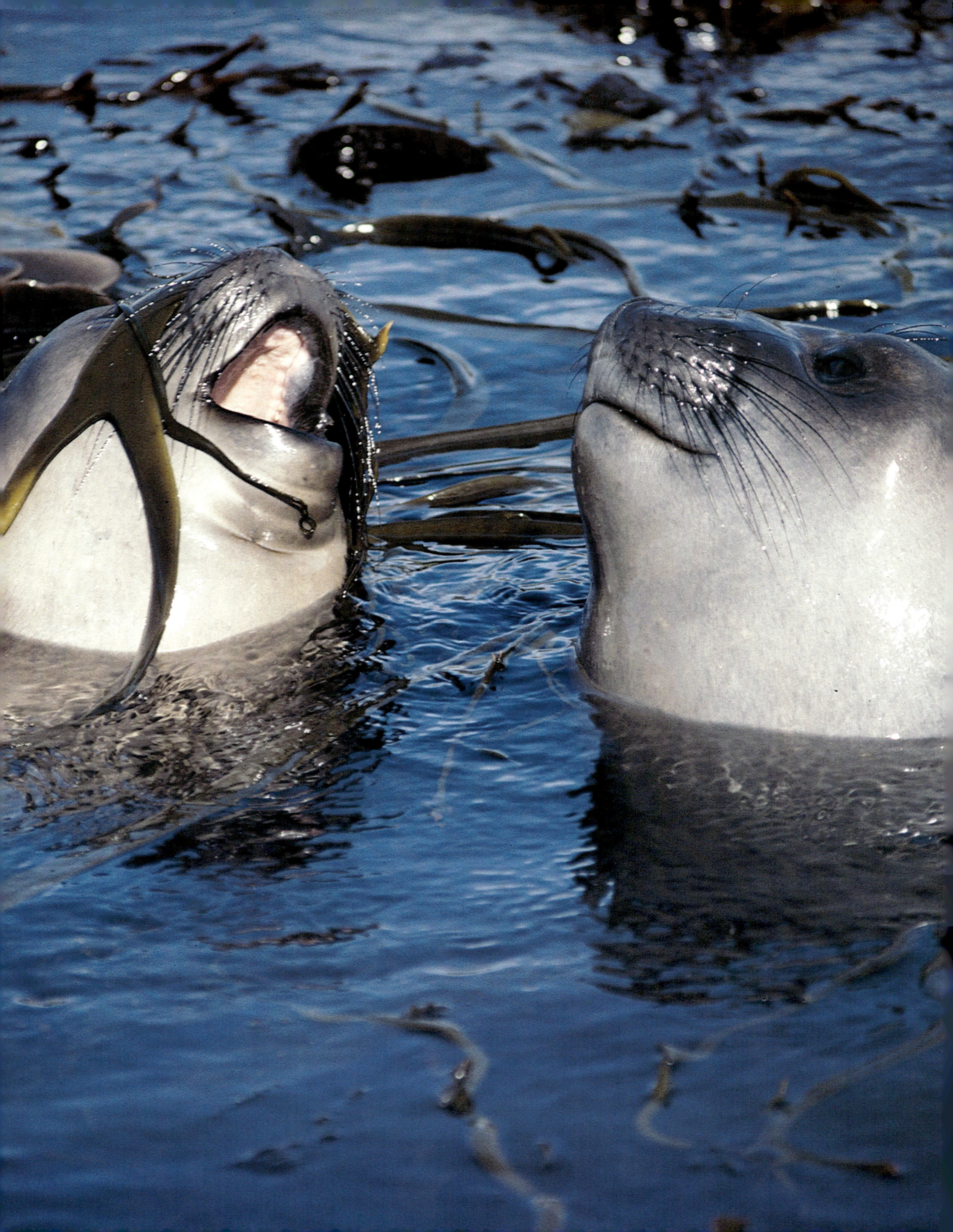

Cormoran (cormoran de Kerguelen).

Kerguelen cormorant.

Kormoran (Kerguelen-Kormoran).

Gorfou sauteur de Saint-Paul.

St. Paul rock hopper.

St.-Paul-Felshüpfer.

Gorfou sauteur de Kerguelen.

Kerguelen rock hopper.

Kerguelen-Felshüpfer.

Albatros fuligineux.

Sooty greymantle albatross.

Russalbatros.

◀ De jeunes ventrus folâtres.

Playful pauriches.

Verspielte junge Fettwänste.

Bain de beauté…,
à Port-aux-Français.

Beauty bath in
Port aux Français.

Schönheitsbad…,
in Port-aux-Français.

Les éléphants de mer
ne reculent pas devant
les contacts.

Elephant seals, no fear
of physical contact.

Keine Kontaktscheu unter
den Seeelefanten.

De jeunes albatros s'exercent
à ce qui est essentiel à leur vie –
le maintien de l'espèce.

Young albatrosses practicing
what is most important in life –
reproduction.

Junge Albatrosse üben das
Wesentlichste des Lebens –
die Arterhaltung.

Force pondérale et élégance avec le Mont Ross en arrière-plan.

Heavy weight and elegance with Mount Ross in the background.

Schwergewicht und Eleganz mit Mont Ross im Hintergrund.

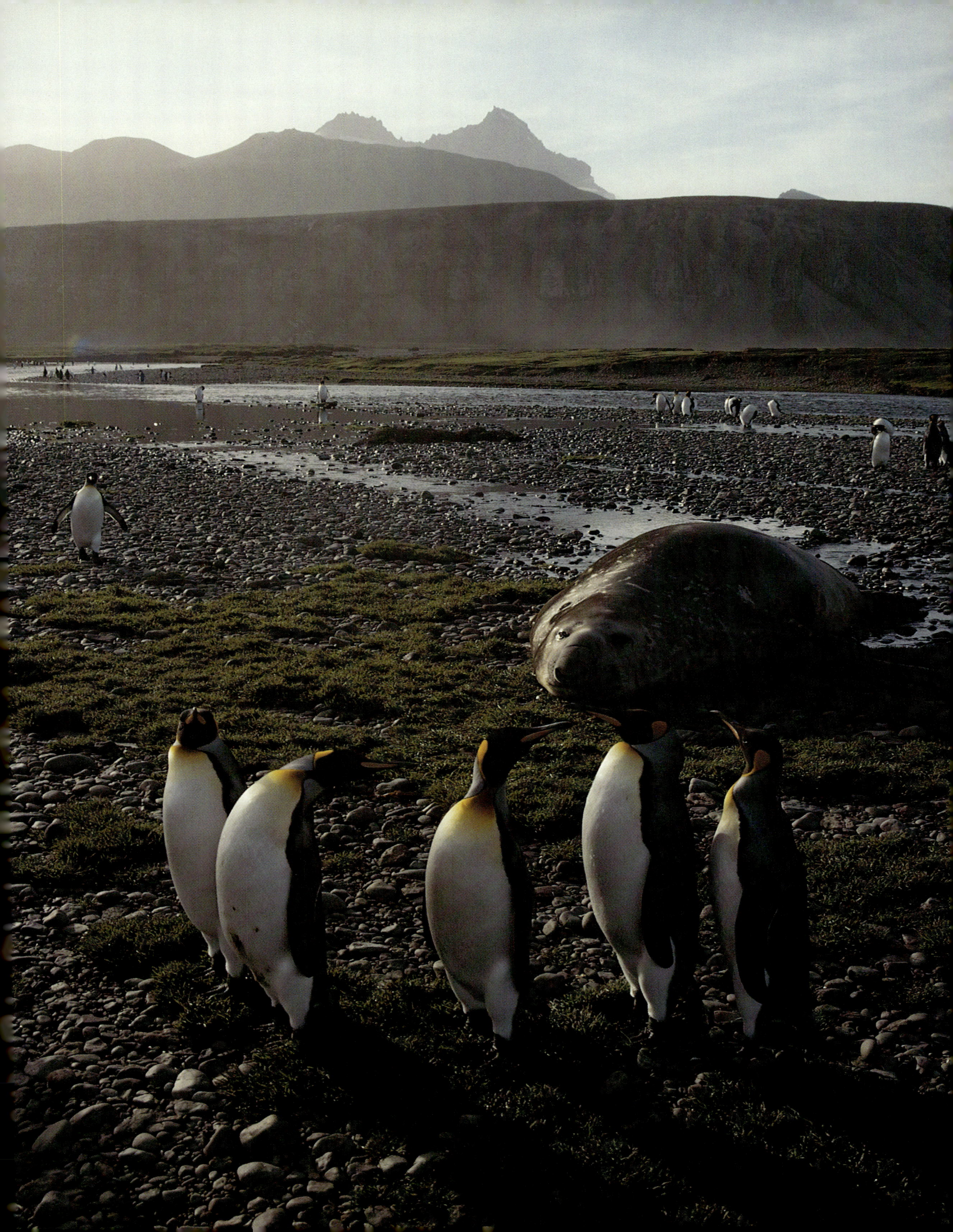

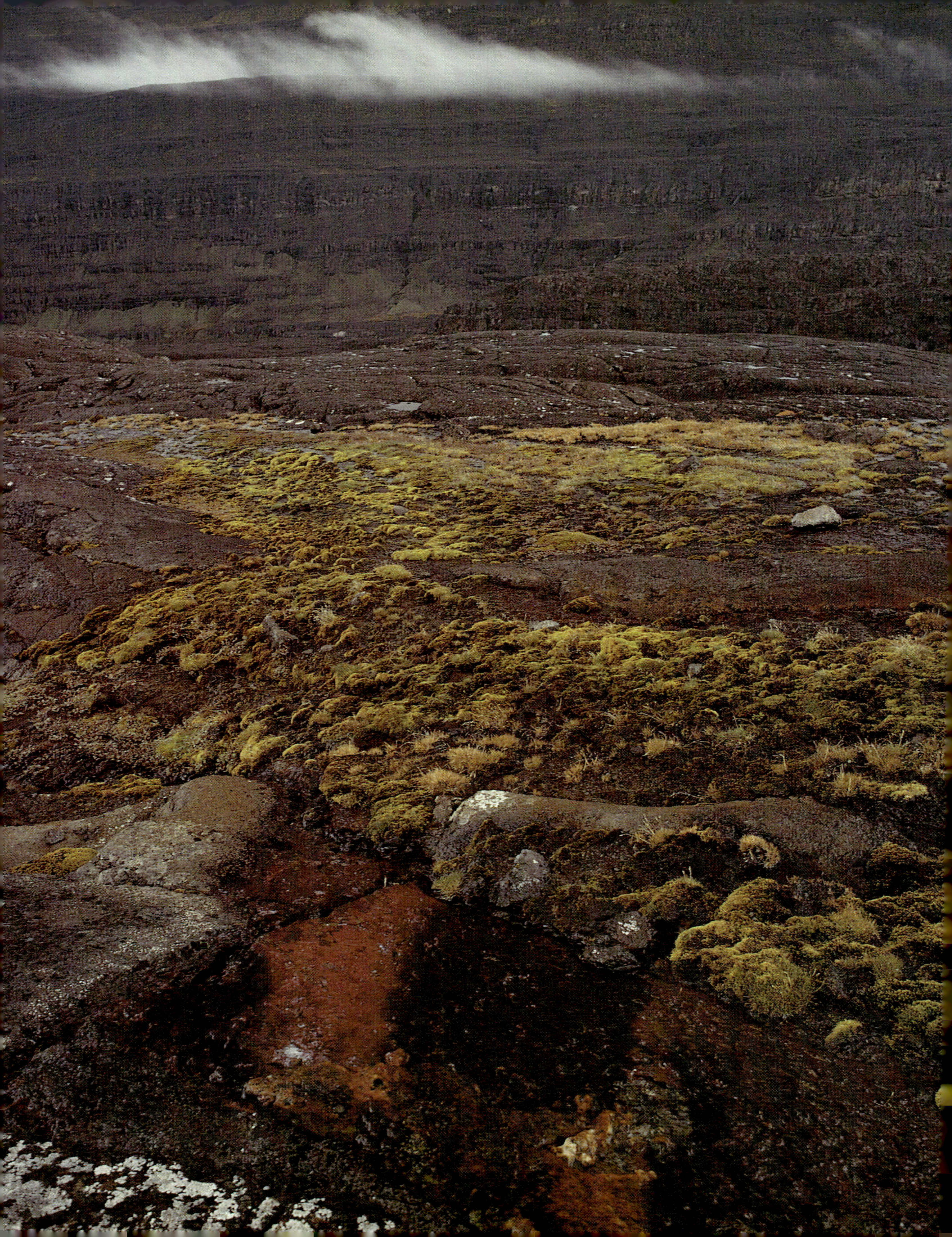

Dans une vallée ruisselante
d'humidité de l'ouest.

In a dripping wet vale
of the West.

In einem triefend nassen
Tal des Westens.

Empilements de coulées de basalte sur le Plateau central.

Layers of flood basalt on the Central Plateau.

Flutbasaltlagen auf dem Zentralplateau.

Lac glaciaire sur la côte du sud-ouest où la glace a fondu.

Glacial lake left by receding ice on the southwest coast.

Gletschersee an der Südwestküste, wo sich das Eis stark zurückgezogen hat.

Végétation du sol sur
la côte du golfe du Morbihan.

Ground vegetation,
Golf du Morbihan.

Bodenvegetation an der Küste
von Golfe du Morbihan.

Coussins d'Azorella avec la montagne Le Phare.

Azorella cushions with Mount Le Phare.

Azorellapolster mit dem Berg Le Phare.

Eminences recouvertes d'Acaena détruites par l'érosion sur la plage du golfe du Morbihan (formation d'érosion).

Victims of erosion – humps of Acaena on the beach of the Golf du Morbihan.

Der Erosion anheimfallende Acaena-bewachsene Höcker am Strand von Golfe du Morbihan (Erosionsgebilde).

Plaine Ampère avec le
glacier du même nom.

Plaine Ampère with the
glacier of the same name.

Plaine Ampère mit
gleichnamigem Gletscher.

Neige estivale dans
le massif du sud-ouest.

Summer snow in the
southwestern mountains.

Sommerschnee im Gebirge
des Südwestens.

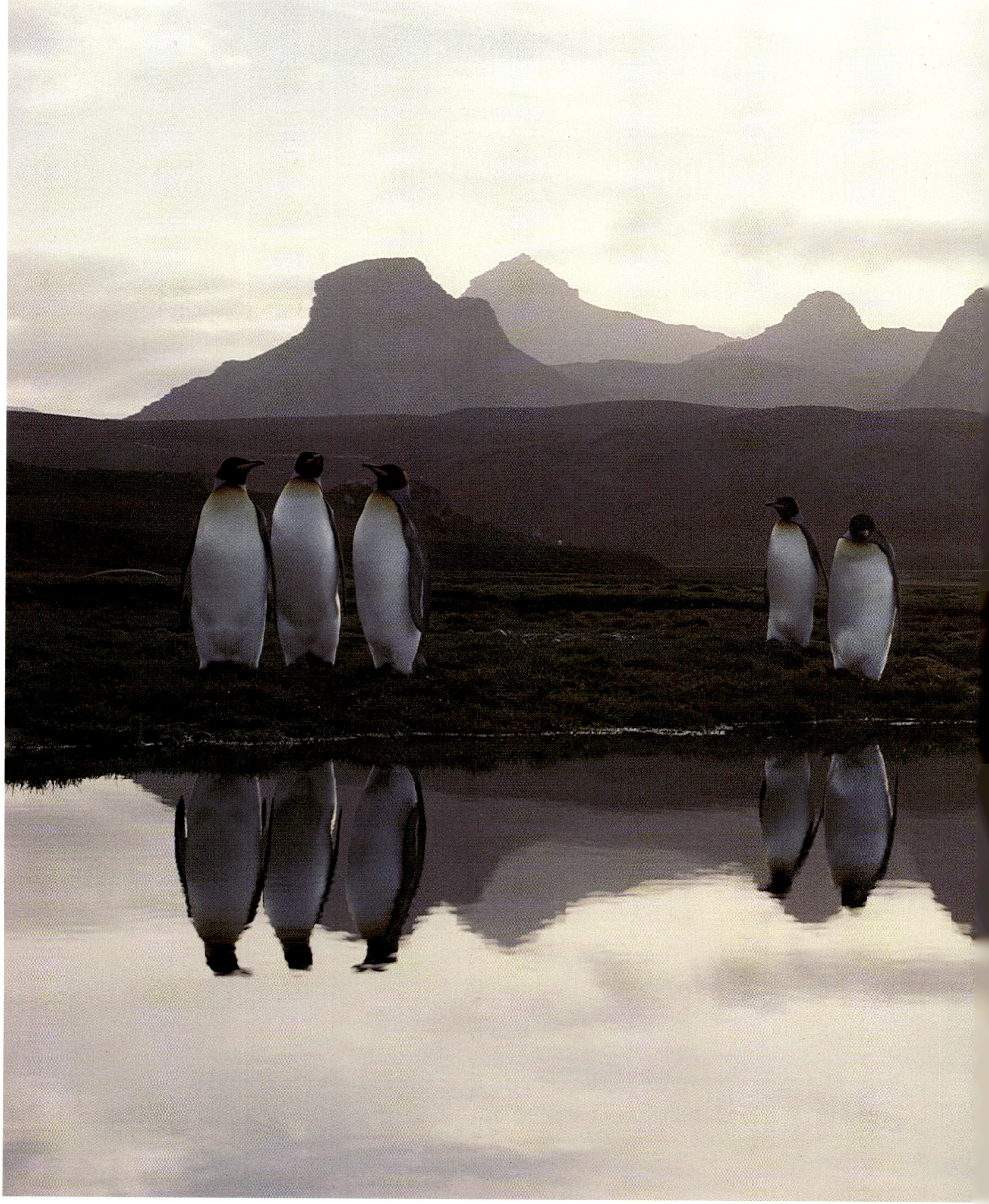

Pingouins Royaux avec les contreforts du massif Galliéni.

King Penguins in the foothills of the Galliéni massif.

Königspinguine mit dem Vorgebirge des Galliéni-Massivs.

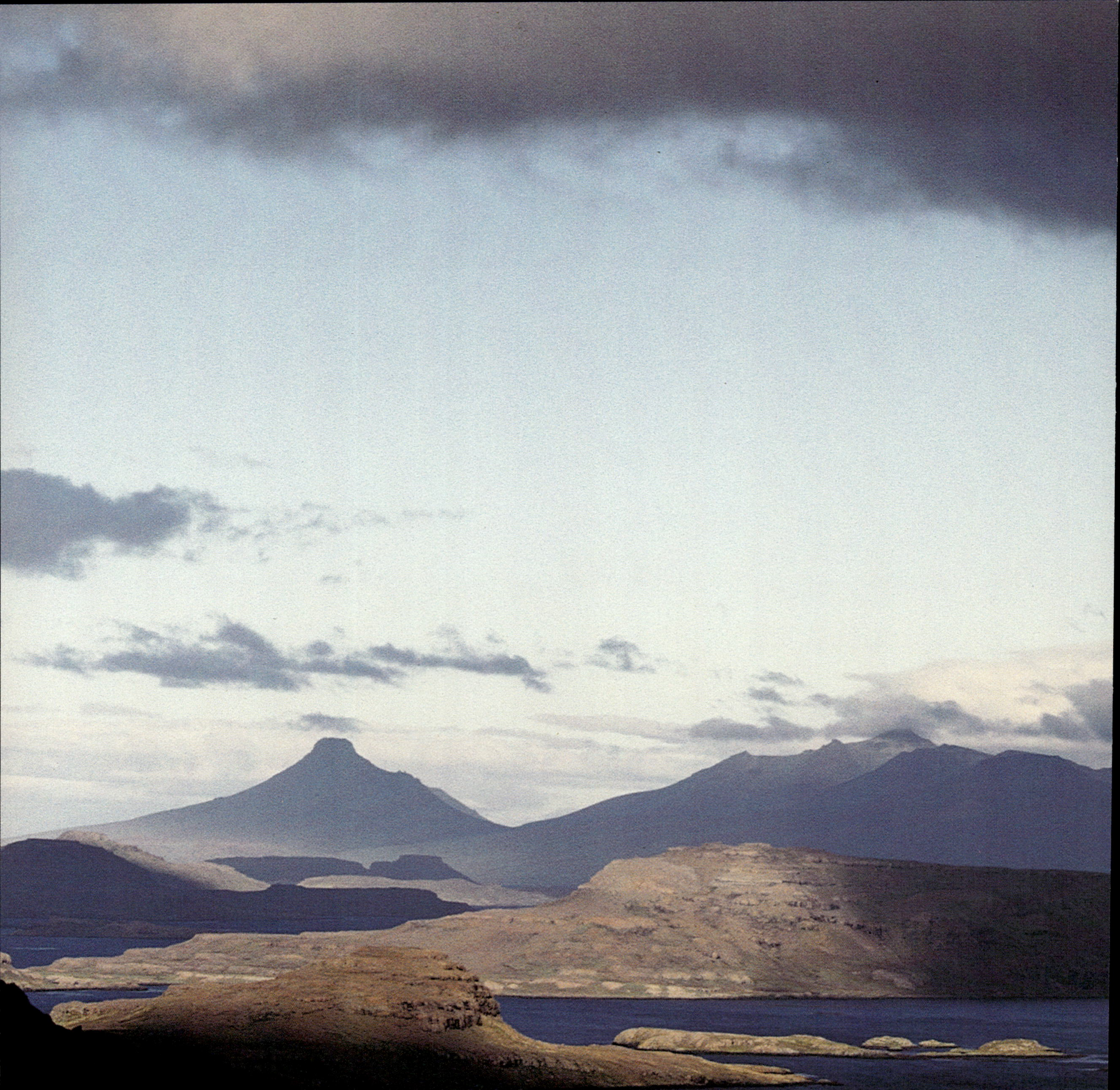

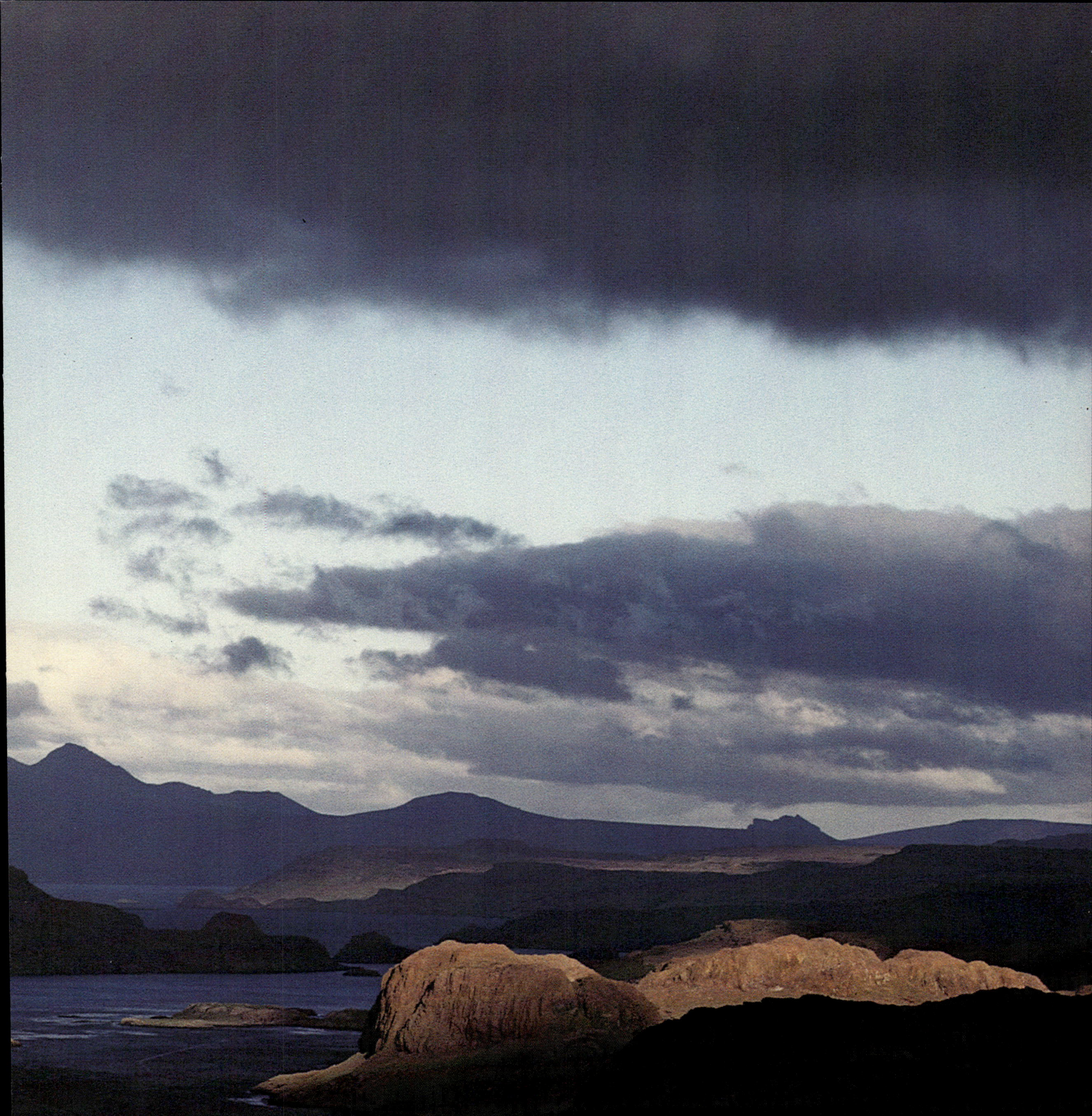

Baie Larose, réunion en bonne compagnie sous l'arc-en-ciel.

Socializing under the rainbow at Larose Bay.

Baie Larose, Geselligkeit unter dem Lichtbogen.

◀ L'univers insulaire et aquatique du golfe du Morbihan avec la ruine volcanique le Pouce à gauche à l'horizon.

World of islands and water, Golf du Morbihan, with le Pouce volcanic ruin on the left horizon.

Insel- und Wasserwelt von Golfe du Morbihan mit der Vulkanruine le Pouce am linken Horizont.

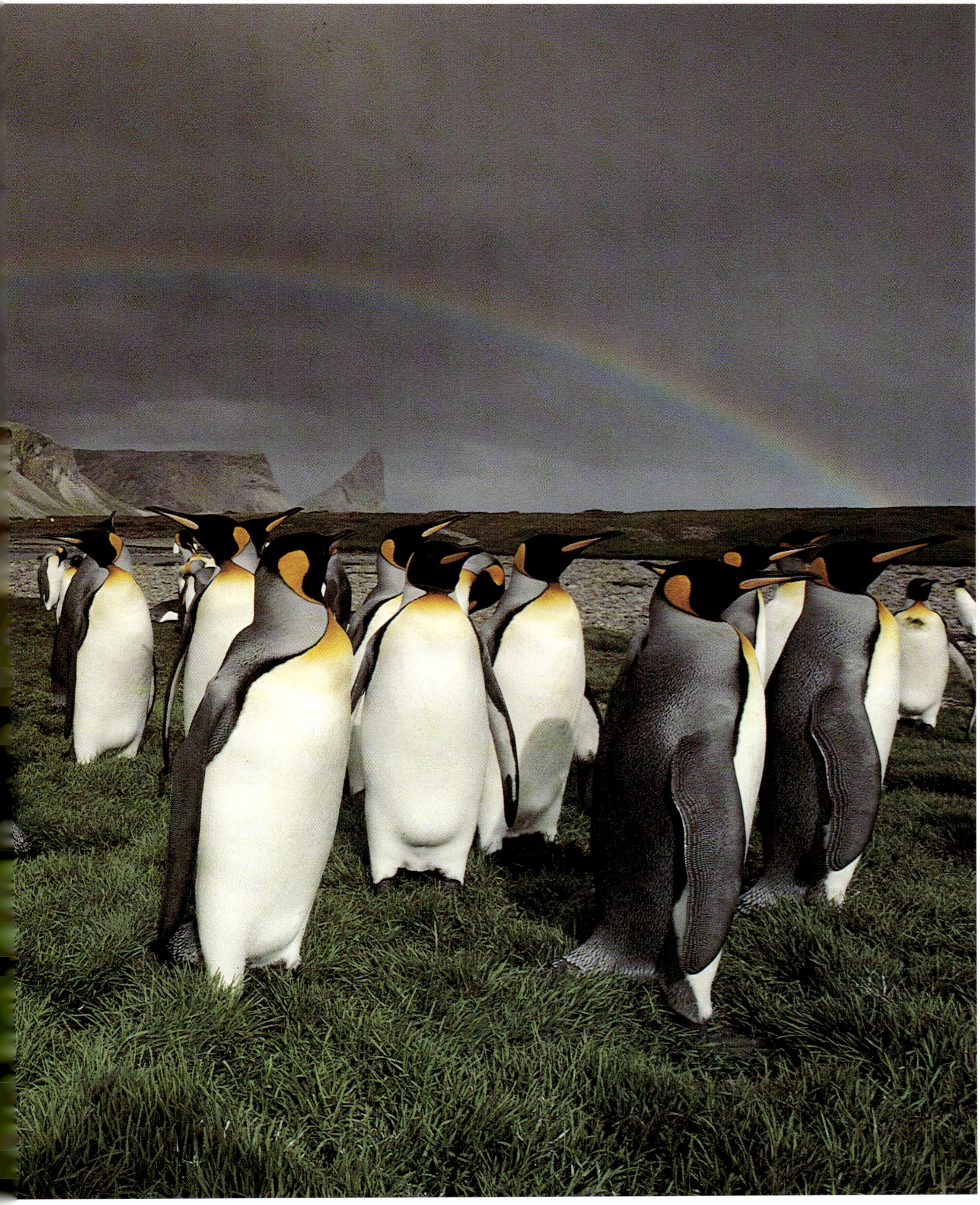

L'un des rares lieux de l'île offrant
un caractère de retraite pour ainsi
dire divine.

One of the few last resting
places with a touch of paradise.

Eine der wenigen, gewissermassen
himmlisch wirkenden Ruhestätten
auf der Insel.

Baisse de la tempête à la lueur
de l'aube sur la baie Larose.

Twilight with receding storm
over Baie Larose.

Dämmerlicht mit abziehendem
Sturm über Baie Larose.

Résidus nuageux d'une zone
de basse pression sur le Val Travers.

Clouds remaining from
a low over Val Travers.

Restbewölkung eines Tiefs
über Val Travers.

Espèce de troll inconnue à la Tête du Mage.

Unknown species of troll near Tête du Mage.

Unbekannte Trollgattung bei Tête du Mage.

Vallée des Sables dans
l'extrême sud-ouest.

Vallée des Sables in
the extreme southwest.

Vallée des Sables im
äussersten Südwesten.

Formation de glace estivale
dans une vallée sans nom.

Summer ice formation
in unnamed valley.

Sommerliche Eisbildung
in unbenanntem Tal.

Colonnes de trachyte au
pied ouest du Mont Ross.

Trachyte columns at the foot
of Mount Ross, western slope.

Trachytsäulen am westlichen
Fuss des Mont Ross.

Là où de nombreux sites basaltiques de glaciers ont donné naissance à des montagnes: Plateau central.

Where glaciers shaped numerous layers of basalt into mountains: Central Plateau.

Wo zahlreiche Basaltlagen von Gletschern zu Bergen formiert wurden: Zentralplateau.

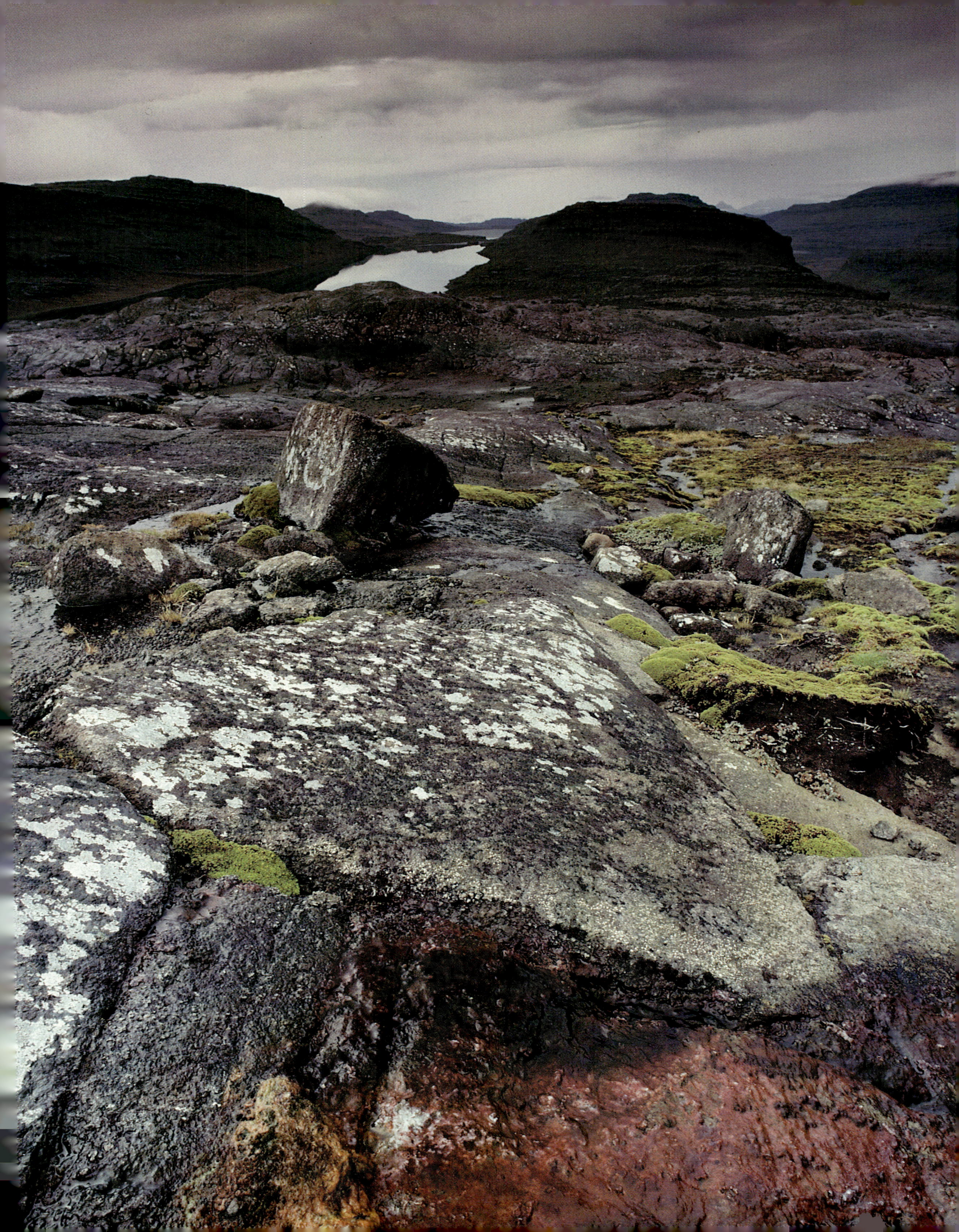

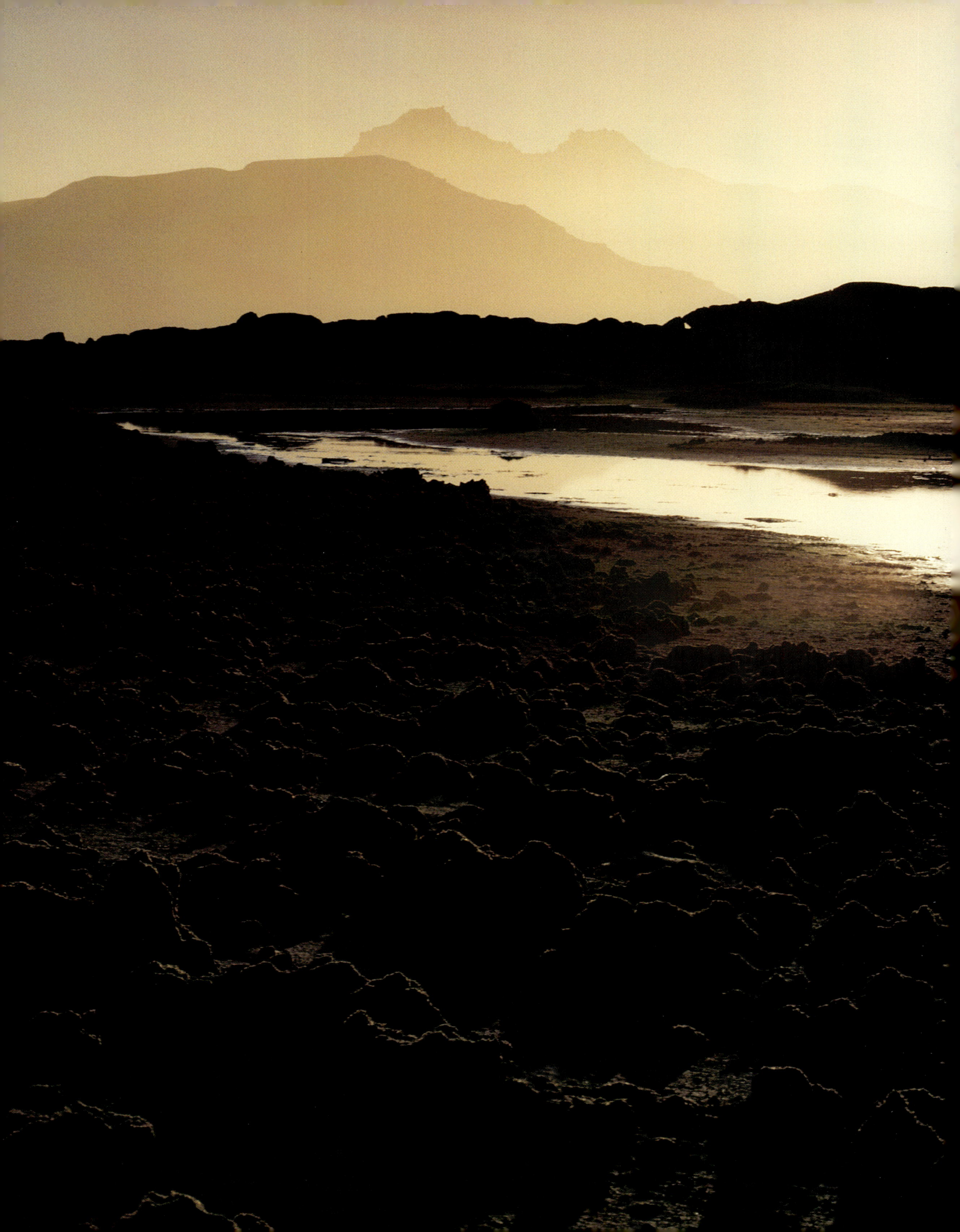

Un chou de Kerguelen
d'une «hauteur osée».

Kerguelen cabbage sprouting
into "daring heights".

Ein in «gewagte Höhe» auf-
spriessender Kerguelenkohl.

Microtopographie produite par le gel et la pluie dans une fraîche sédimentation.

Rain and frost created micro-topography in recent sedimentary layer.

Durch Frost und Regen verursachte Mikrotopographie in frischer Sedimentablagerung.

Ecoulement d'une source chaude avec un nuage lenticulaire gigantesque dans le Val Travers.

Thermal streamlet with gigantic lenticular cloud in Val Travers.

Fliessend heisses Quellwasser mit gewaltiger Linsenwolke im Val Travers.

Un joyau caché sur la presqu'île
isolée du sud-ouest.

Hidden beauty on the remote
southwest peninsula.

Ein verborgenes Kleinod auf der
abgelegenen Südwesthalbinsel.

Arts graphiques de
neige et de roche.

Graphic arts in landscape
of snow and rock.

Eine Landschaftsgrafik
aus Schnee und Fels.

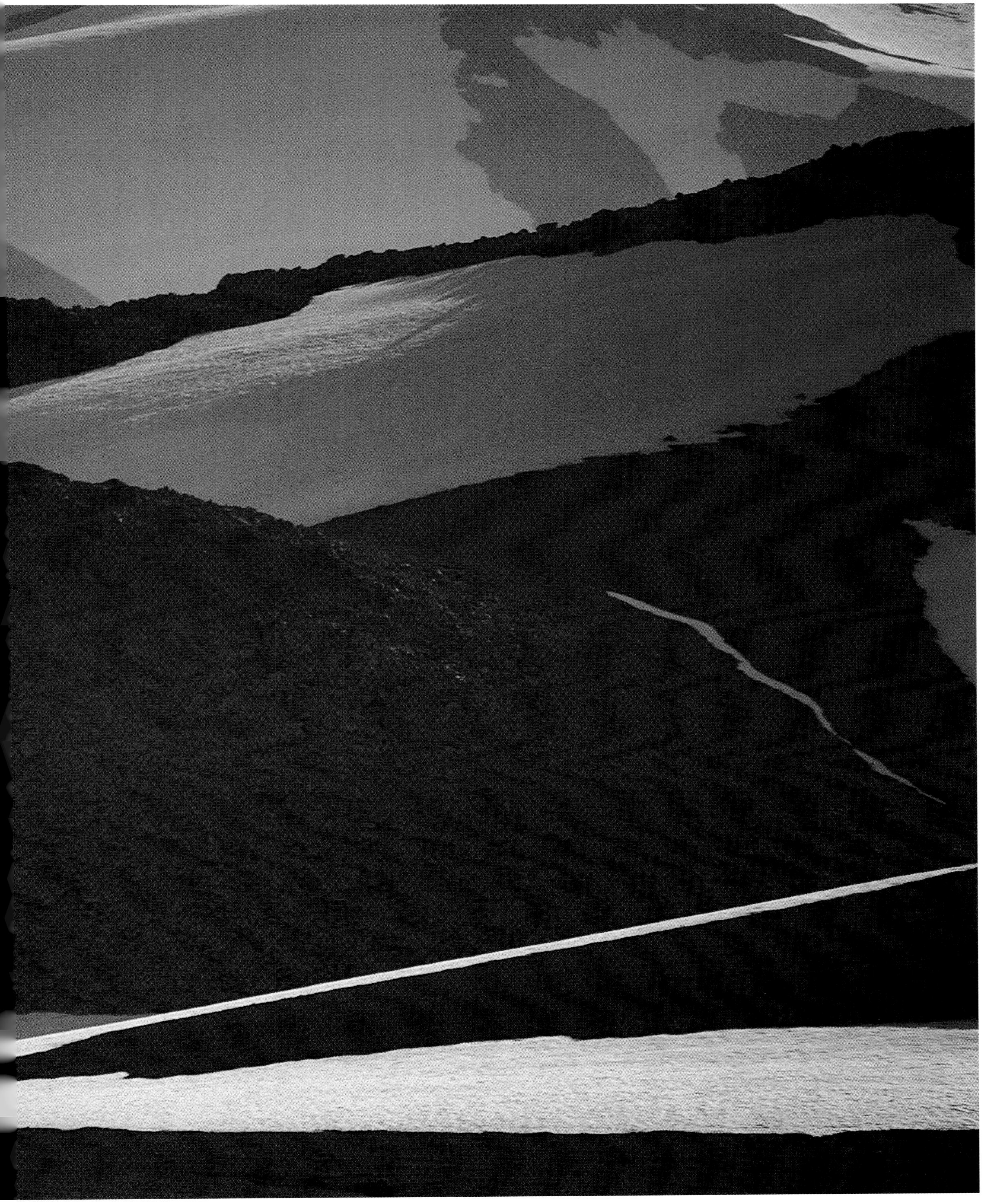

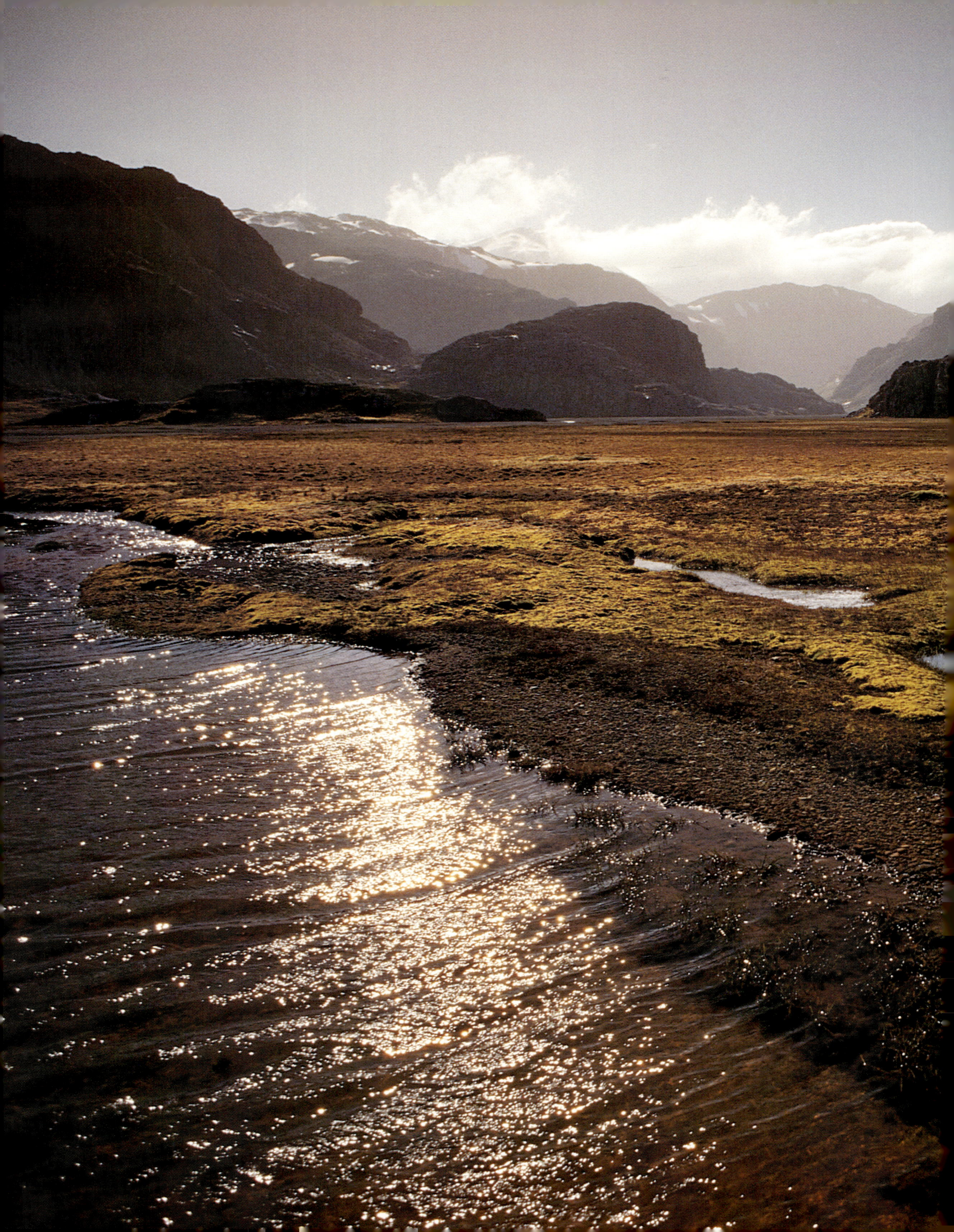

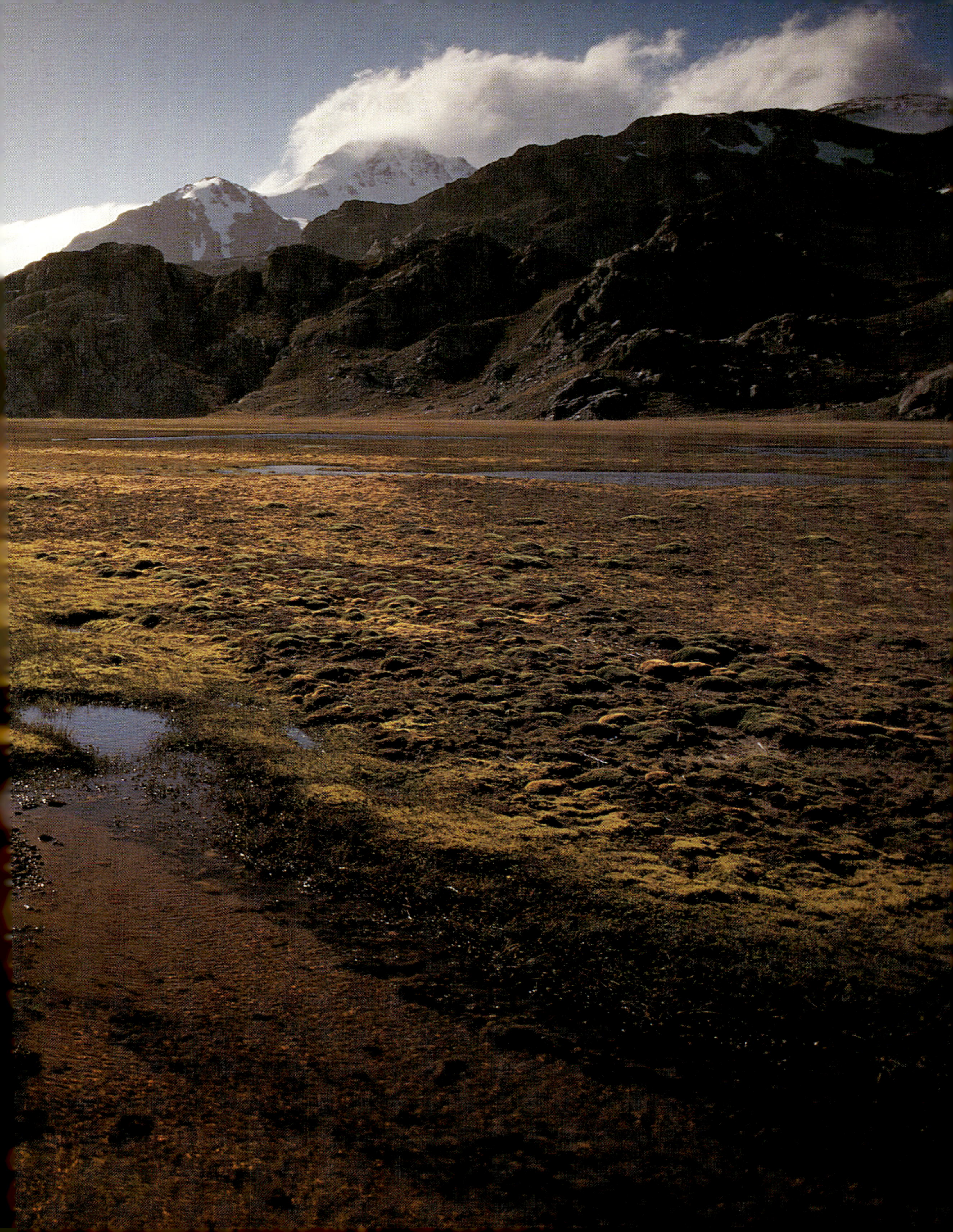

Dans les marécages sans fond de la pleine de Dante avec la montagne à plateau Roche Sanadoire.

Bottomless swamps in Plaine de Dante with the Roche Sanadoire table mountain.

In den grundlosen Sümpfen von Plaine de Dante mit dem Tafelberg Roche Sanadoire.

◄ Des algues, de la mousse, des roches intrusives et de vieux volcans, une vue panoramique dans la vallée Milady.

Algae, mosses, plutonic rock and old volcanoes in Vallée Milady.

Algen, Moose, Intrusivgestein und alte Vulkane, eine Panoramaansicht im Vallée Milady.

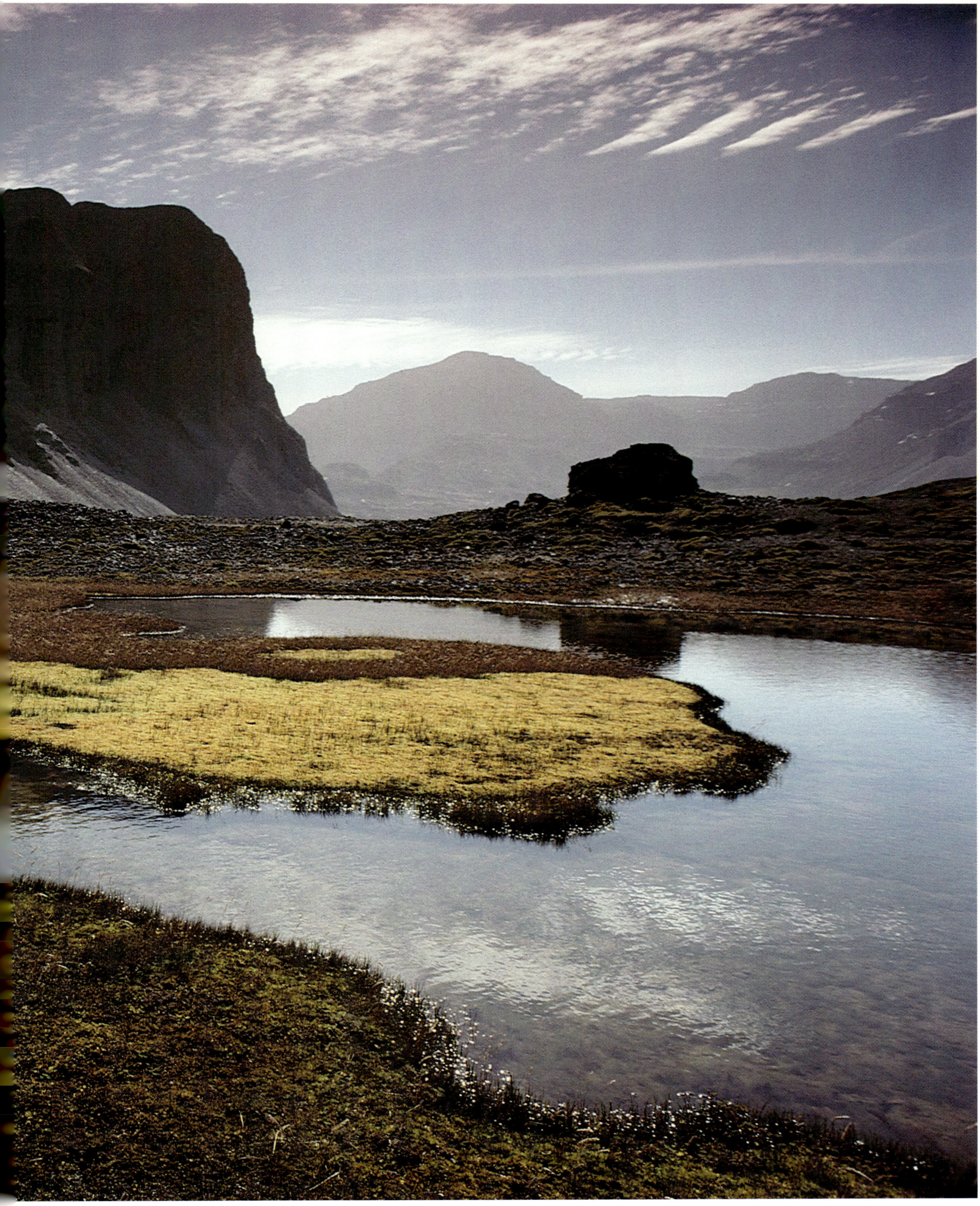

Une vie microscopique aux teintes lumineuses recouvre les rochers du fjord Bossière.

Brightly colored micro-life covering rocks at Bossière Fjord.

Leuchtend farbiges Kleinstleben überzieht die Felsen am Fjord Bossière.

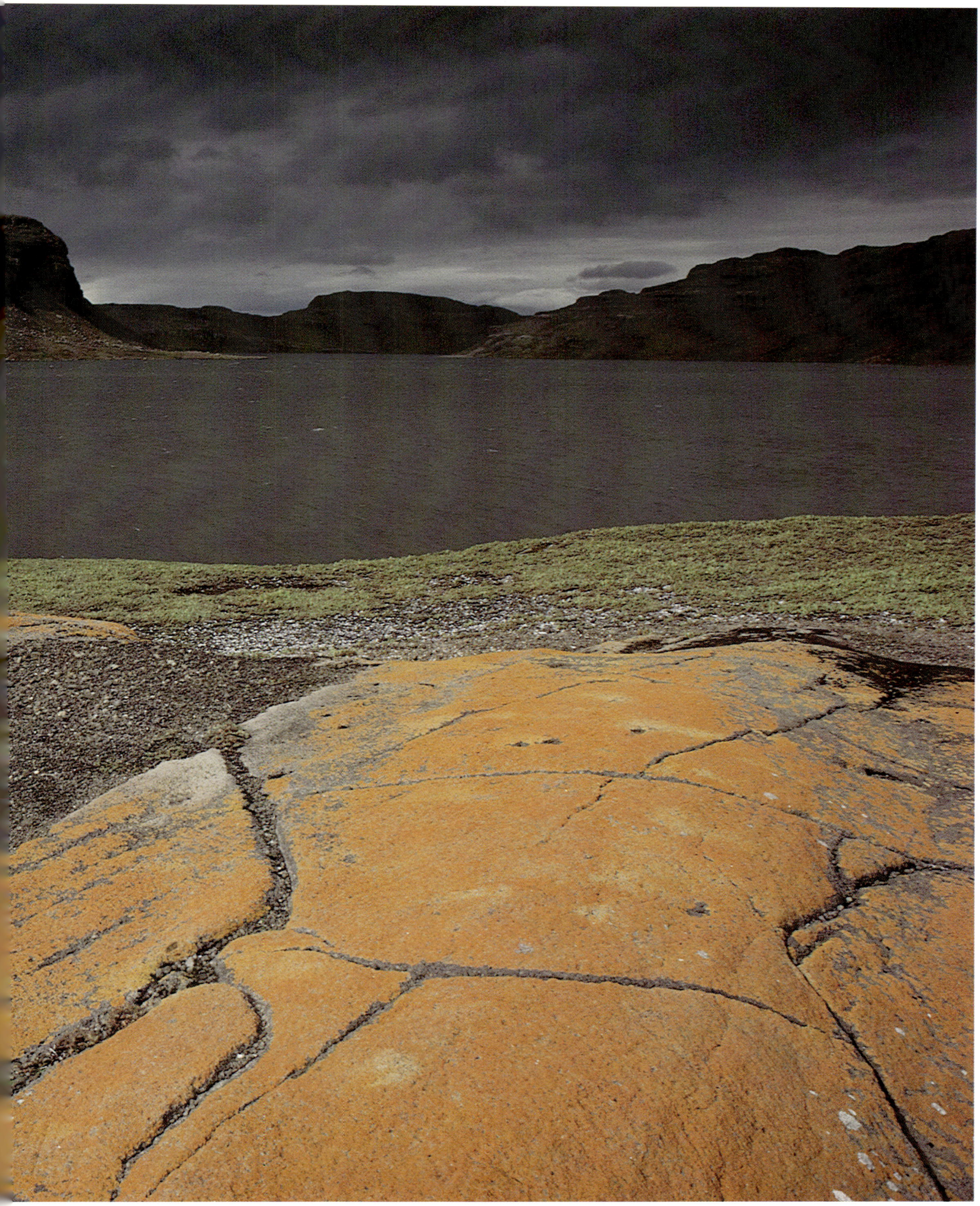

Liquéfaction incandescente
pétrifiée dans du basalte
fissuré, une intrusion.

Solidified molten
rock in cracked basalt,
an intrusion.

Erstarrte Glutschmelze
in gesprungenem Basalt,
eine Intrusion.

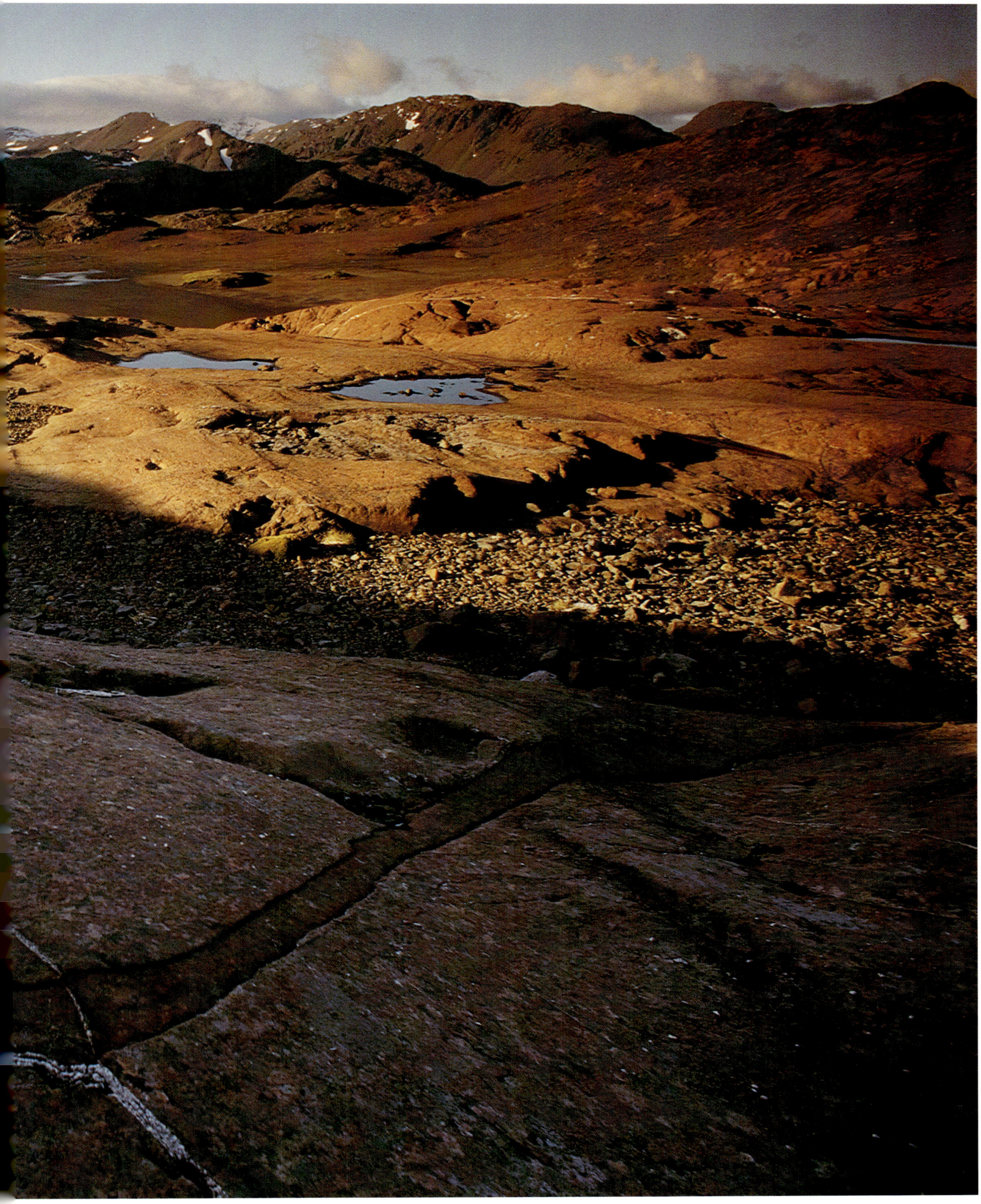

A Kerguelen, il y a 131 sortes de lichens.

One of 131 species of lichen.

131 Arten von Flechten auf Kerguelen.

Lichen neuropogon.

Neuropogon lichen.

Neuropogon-Flechte.

Plumes d'albatros.

Albatros plumage.

Albatros-Gefieder.

Une coupe sédimentaire.

Sediment cross-section.

Ein Sedimentquerschnitt.

Produits de dégradation irisés dans un marécage.

Iridescent biological products of decay in a bog.

Irisierende biologische Abbauprodukte in einem Moor.

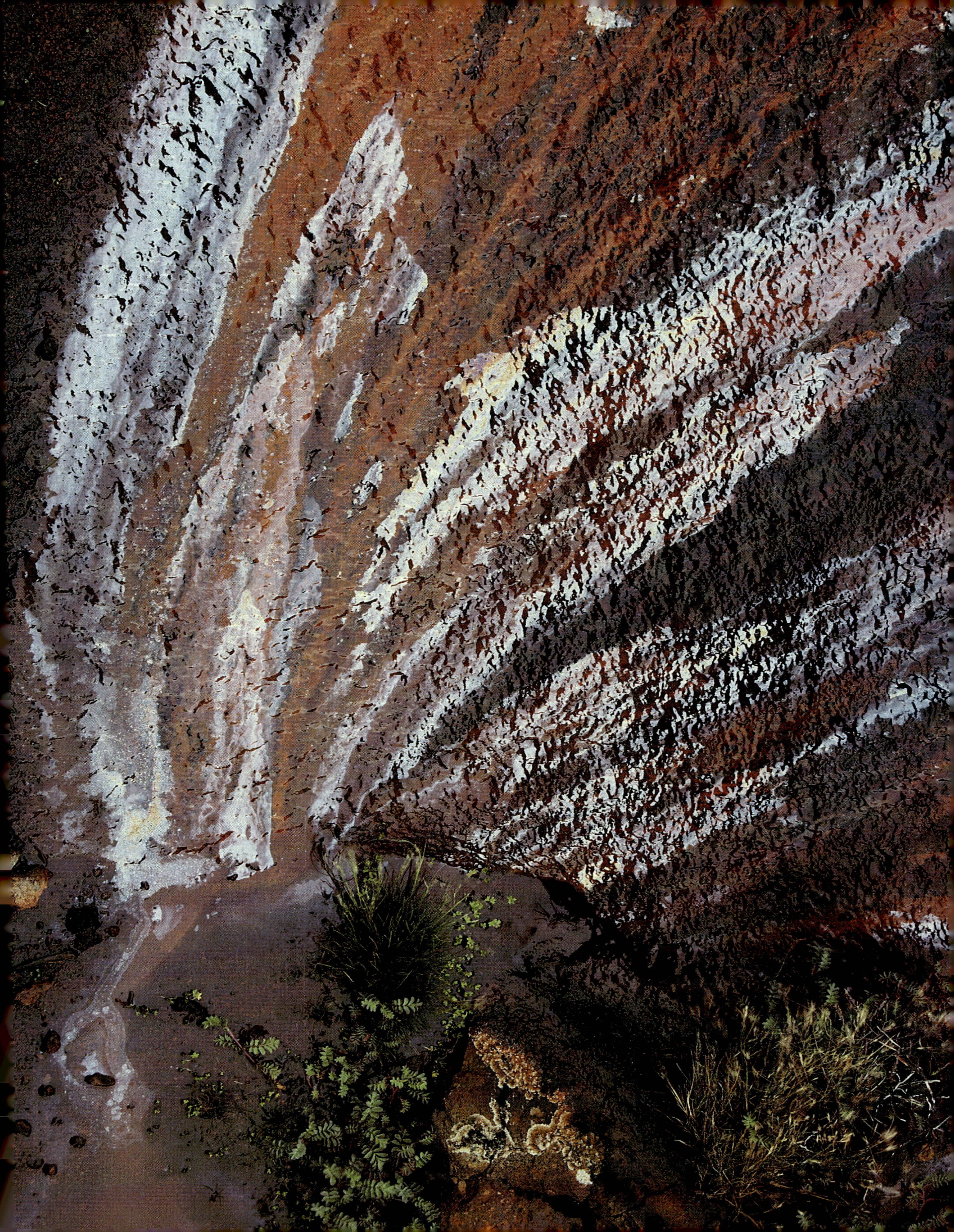

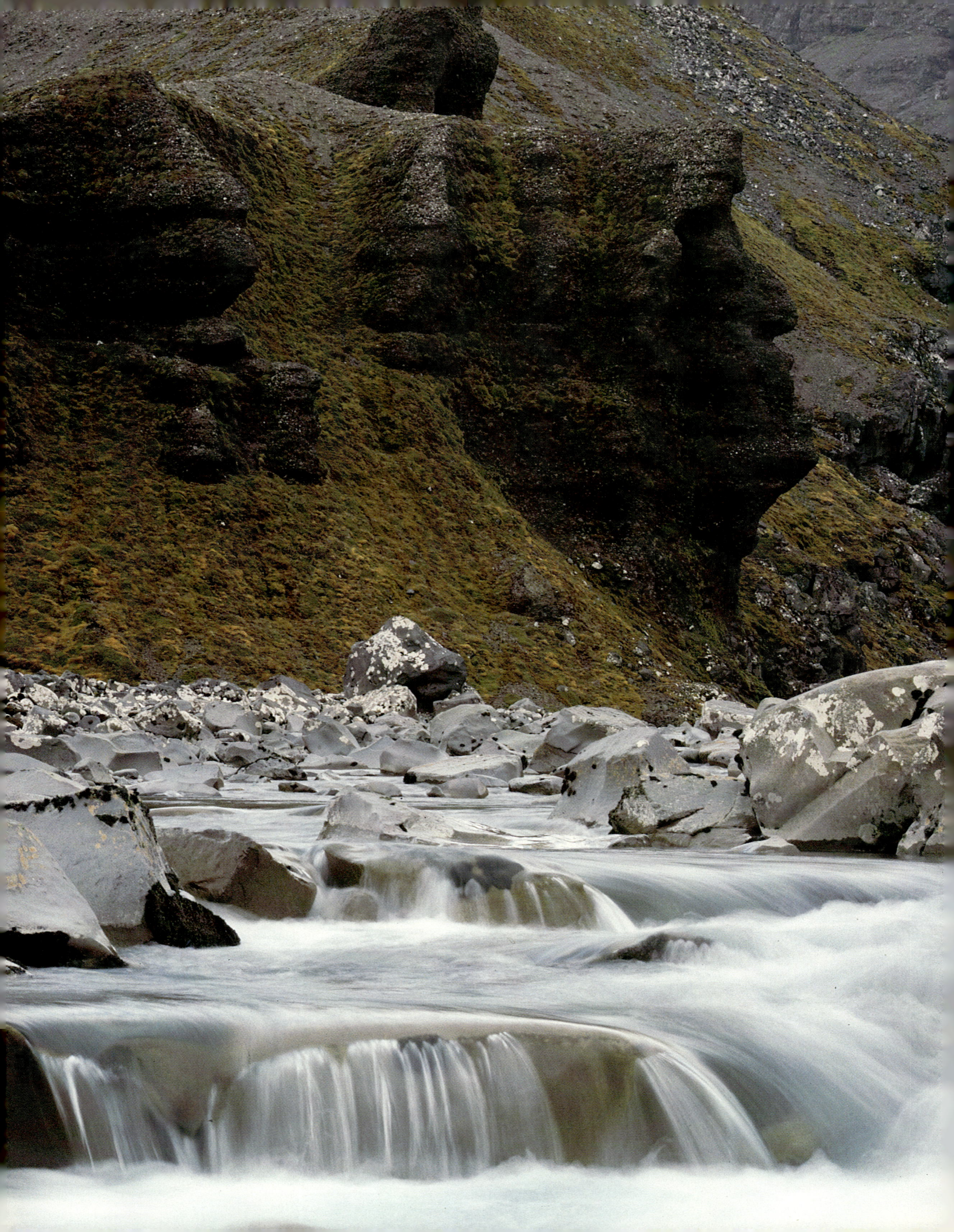

L'eau use la roche volcanique.

Water sculpturing volcanic rock.

Wasser hobelt vulkanisches Gestein.

Une formation pyroclastique à la Tête du Mage.

Pyroclastic formation at Tête du Mage.

Eine pyroklastische Formation bei la Tête du Mage.

Les surfaces de pierre ponce au
nord de Rallier du Baty sont l'indice
d'une éruption gigantesque.

Pumice landscape in northern Rallier
du Baty – remnants of a gigantic
eruption.

Die Bimssteinflächen im nördlichen
Rallier du Baty zeugen von einer
gigantischen Eruption.

Des algues dans un cours d'eau dans le massif Les Deux Frères.

Algae in a streamlet in Les Deux Frères massif.

Algen in einem Wasserlauf im Les-Deux-Frères-Massiv.

Solitude à perte de vue dans
un désert subantarctique.

Vast solitude in a
subantarctic desert.

Weite Einsamkeit einer
subantarktischen Wüste.

Rides de sable sur une plage de la baie de la Mouche.

Rippled sand on the beach at Baie de la Mouche.

Sandrippeln an einem Strand von Baie de la Mouche.

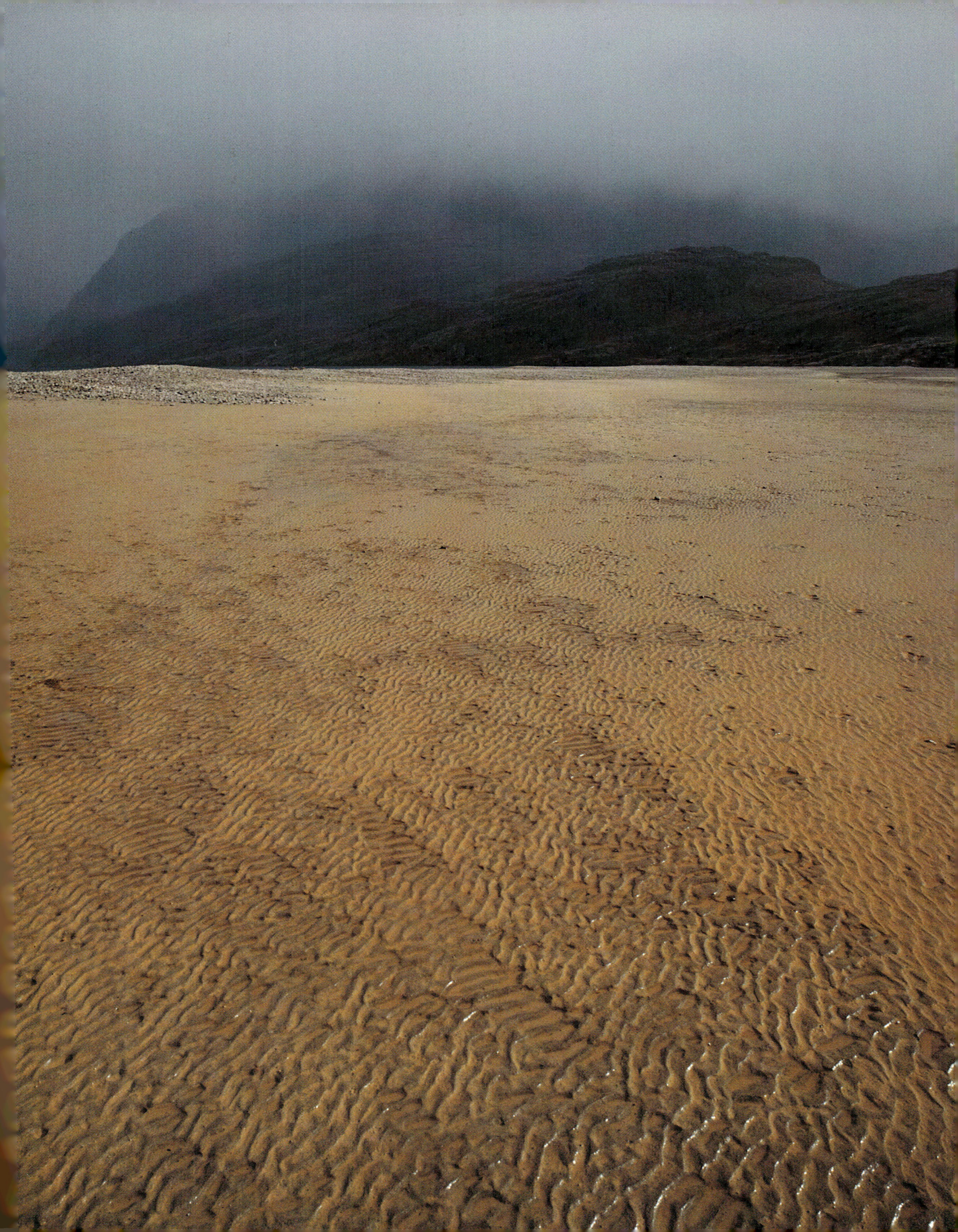

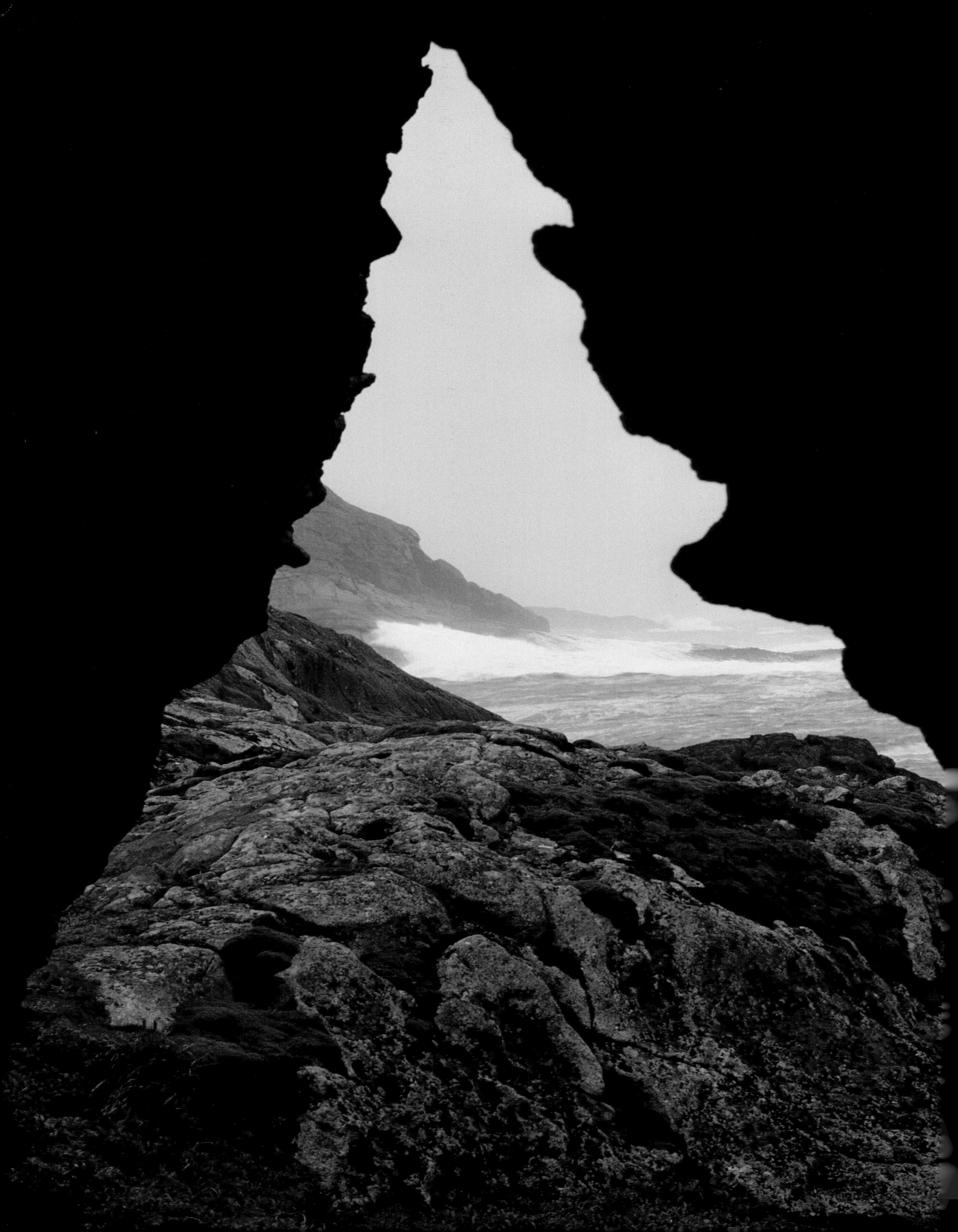

Structures de paysages sur
la presqu'île Rallier du Baty.

Landscape patterns on the
Rallier du Baty Peninsula.

Landschaftsstrukturen auf der
Halbinsel Rallier du Baty.

Tempête à la caverne des Phoquiers.

Storm at Caverne des Phoquiers.

Sturm bei Caverne des Phoquiers.

143

Dépôts minéraux dans
le lit d'un fleuve au sud
du glacier Cook.

Mineral deposits in
a river bed south of
Cook Glacier.

Mineralische Ablagerungen
in einem Flussbett südlich
des Cook-Gletschers.

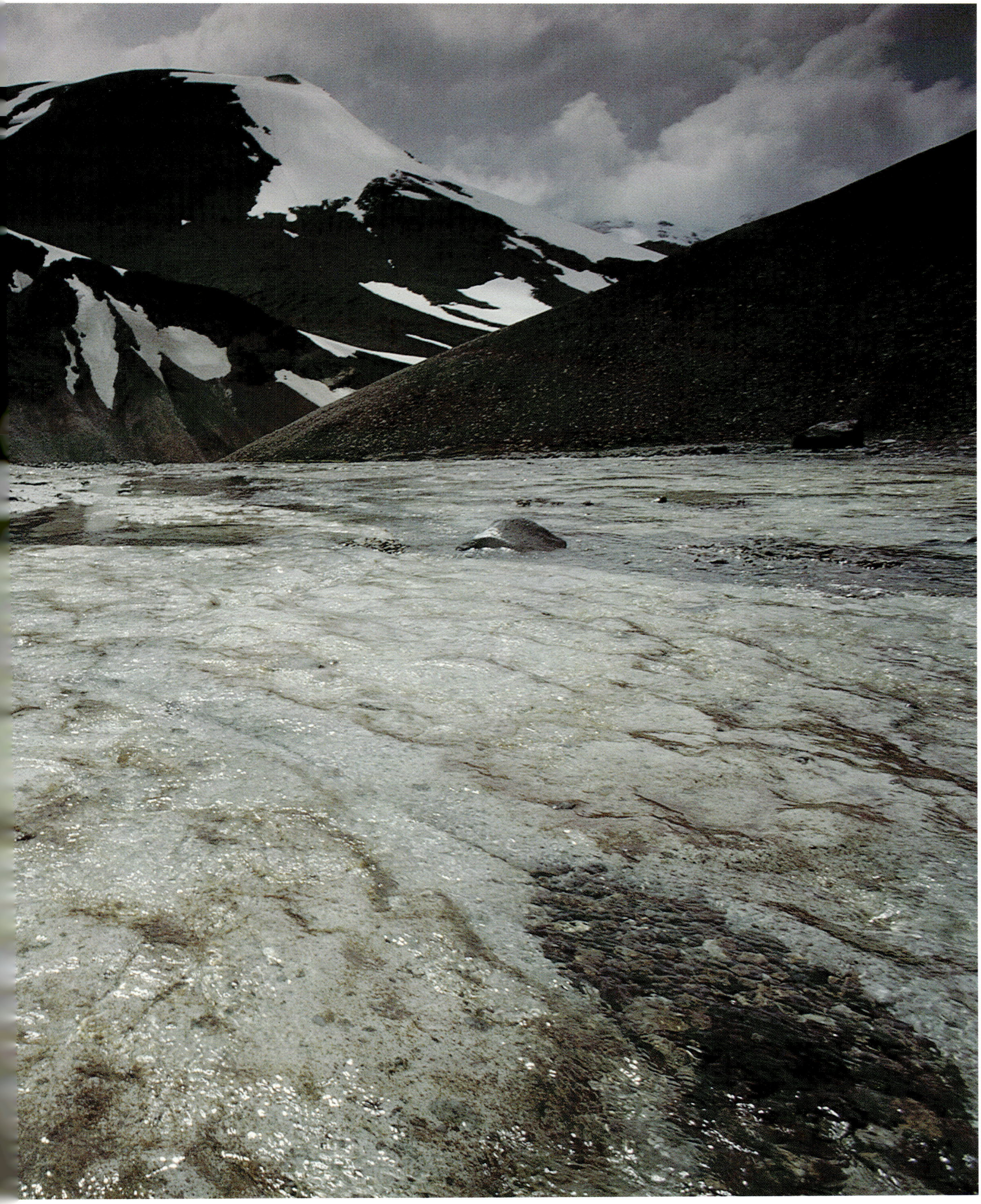

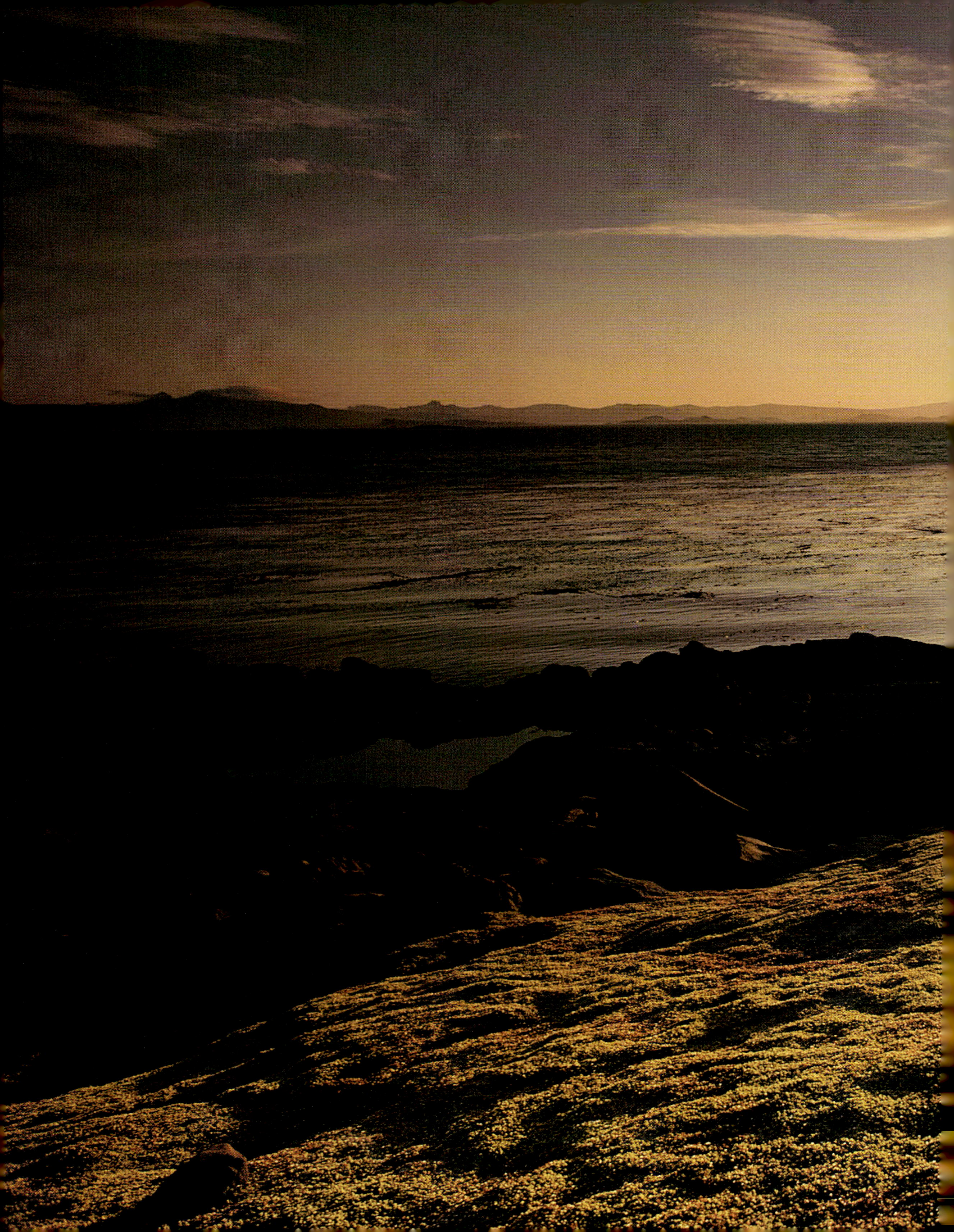

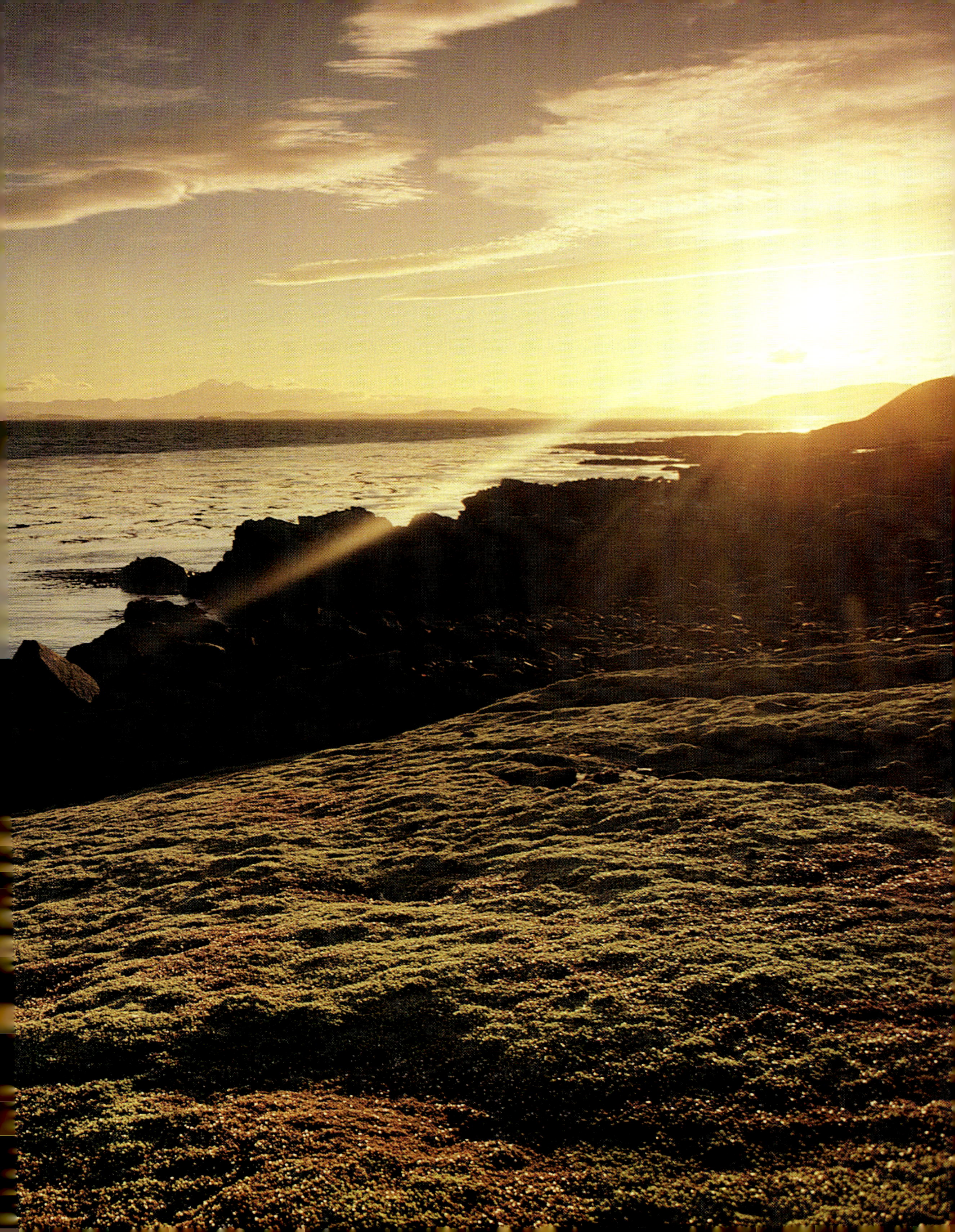

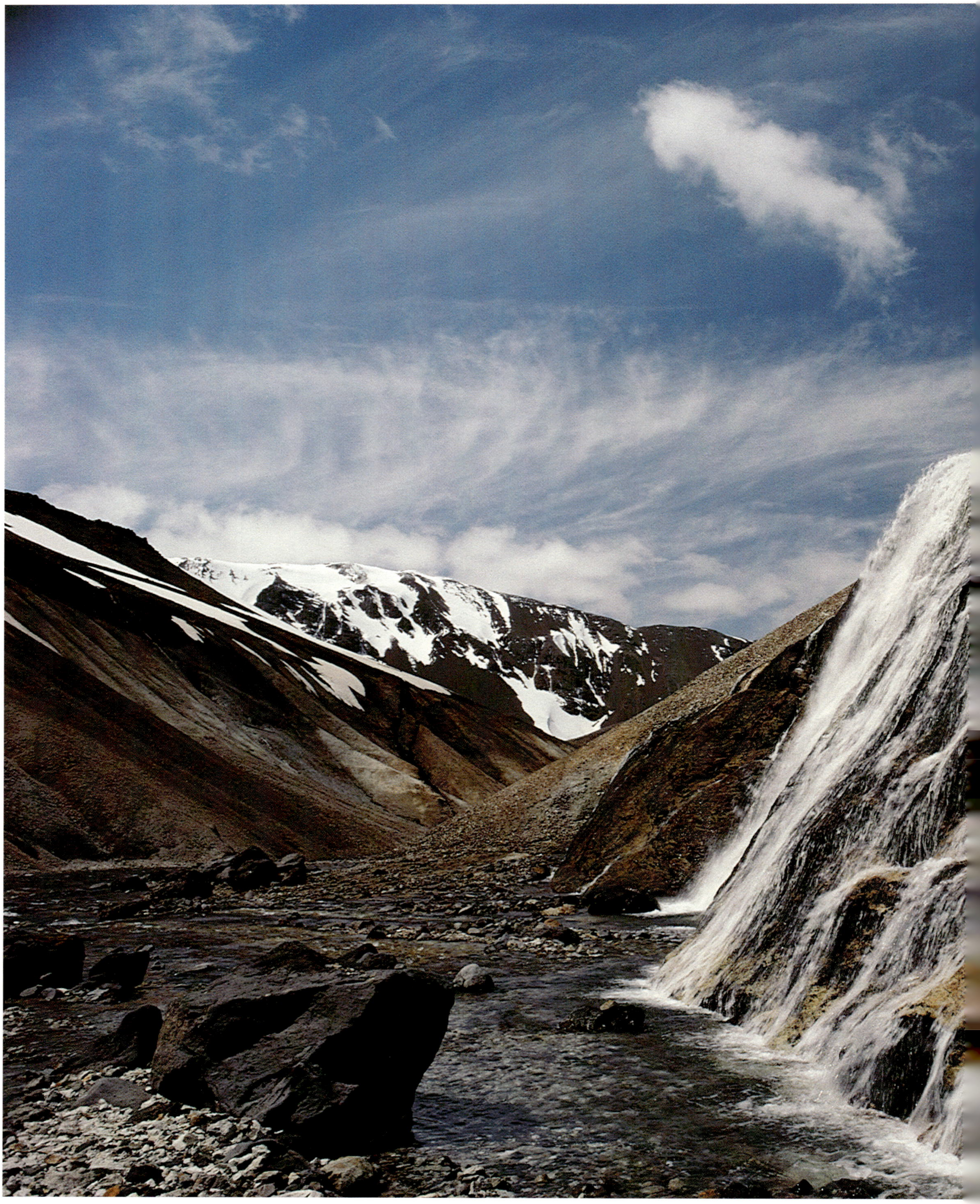

Jeux d'eau rafraîchissants.

Refreshing play of water.

Erfrischendes Wasserspiel.

Golfe du Morbihan avec le Mont Ross, la plus haute montagne de l'île (1850 m).

Mount Ross (1850 m), the highest mountain on the island, towering over the Golf du Morbihan.

Golfe du Morbihan mit Mont Ross, dem höchsten Berg der Insel (1850 m).

151

Baie des Swains

Pyramide Branca

Val Travers

Vallée des Contacts

Rivière des Galets avec structures de sable.

Patterns of alluvial sand in Rivière des Galets.

Rivière des Galets mit Sandstrukturen.

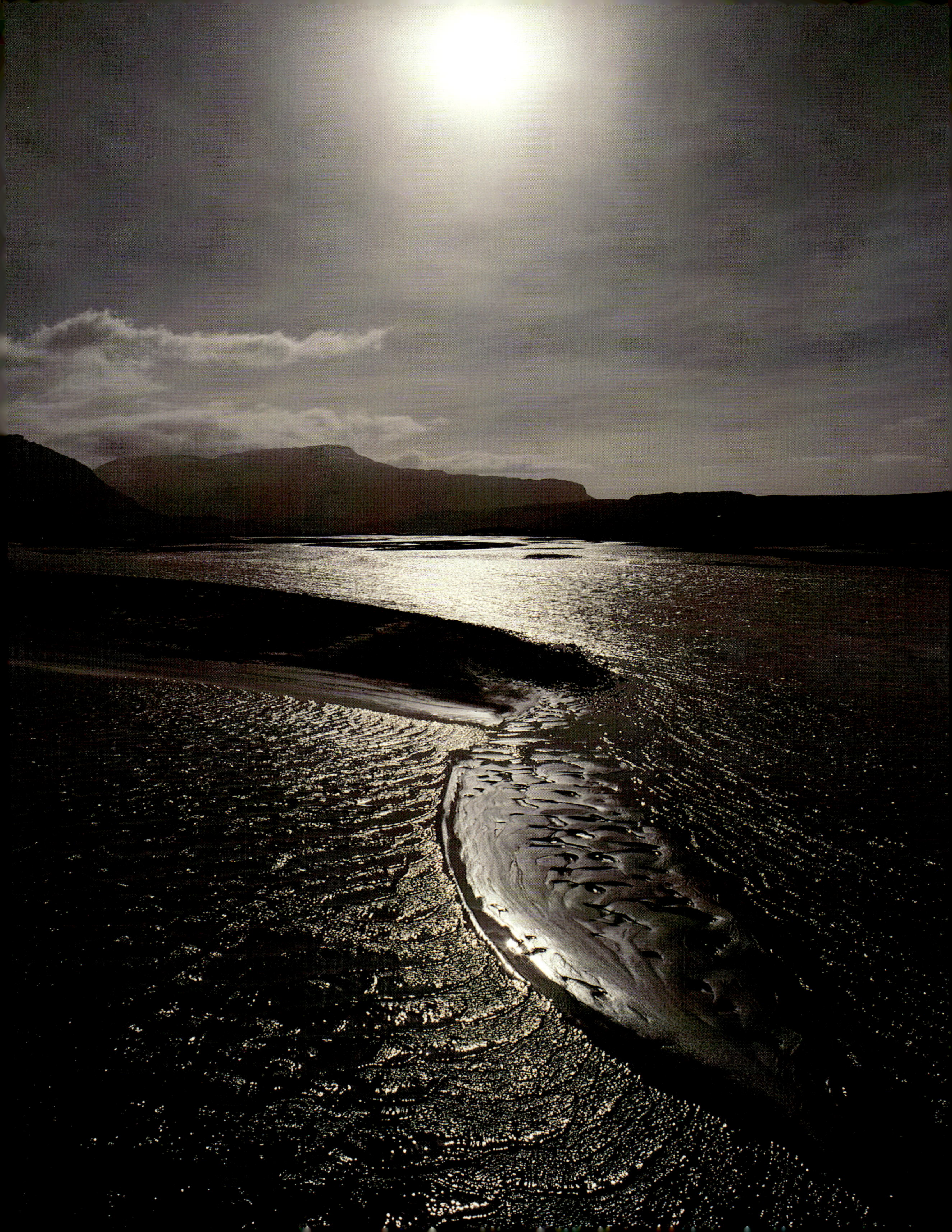

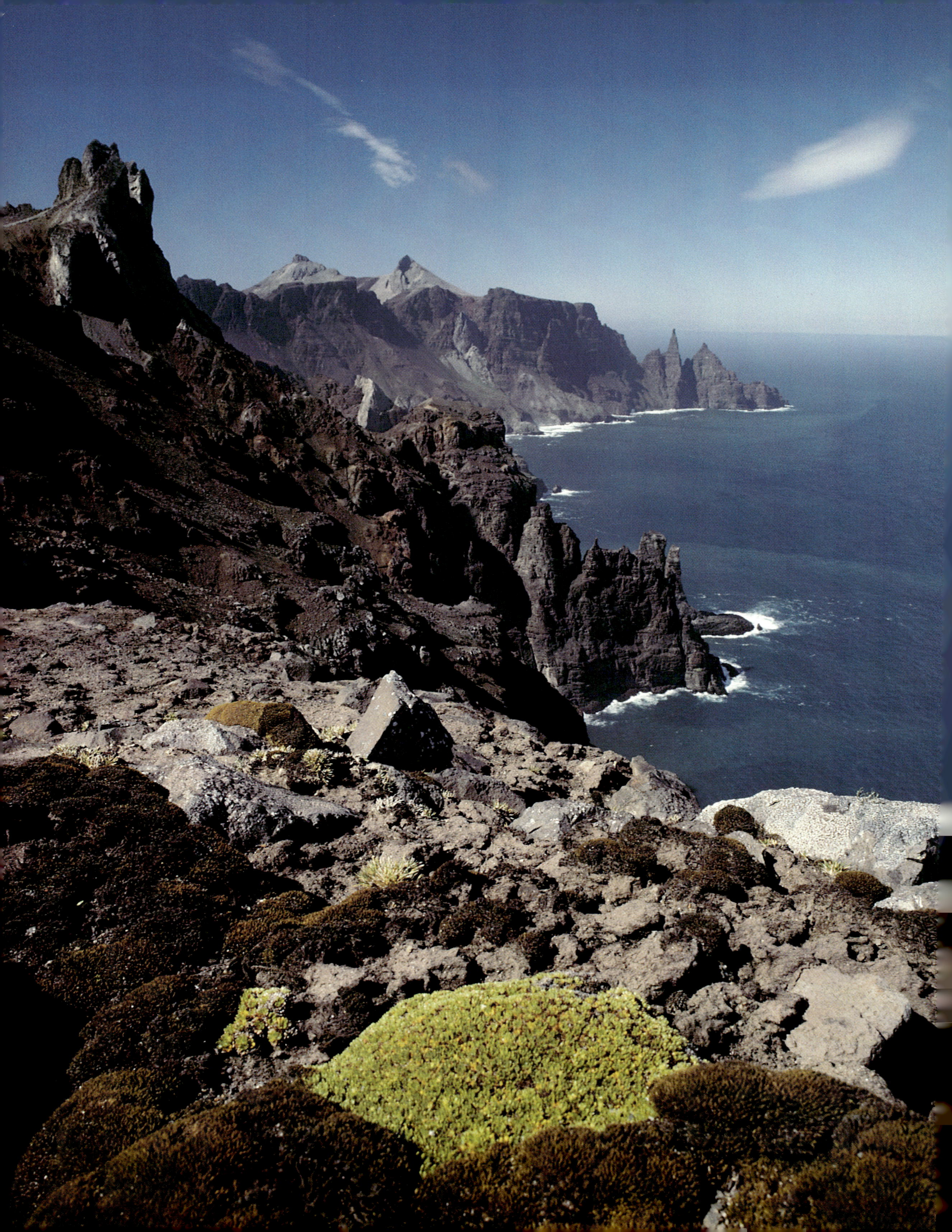

Côte méridionale déchiquetée de la péninsule Jeanne d'Arc.

Rugged south coast on Jeanne d'Arc Peninsula.

Zerklüftete Südküste der Halbinsel Peninsula Jeanne d'Arc.

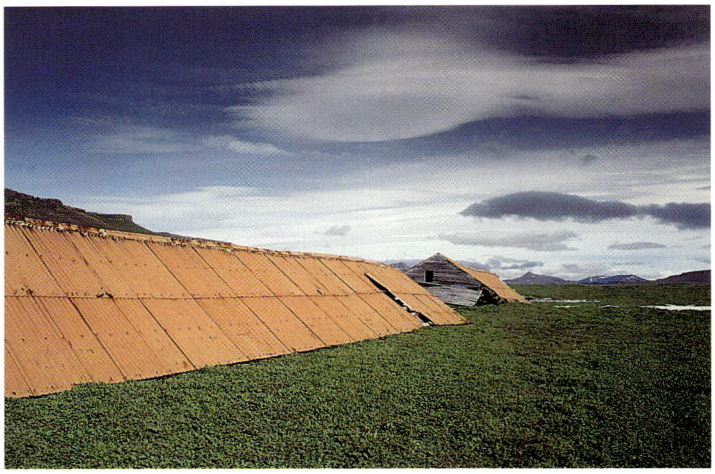

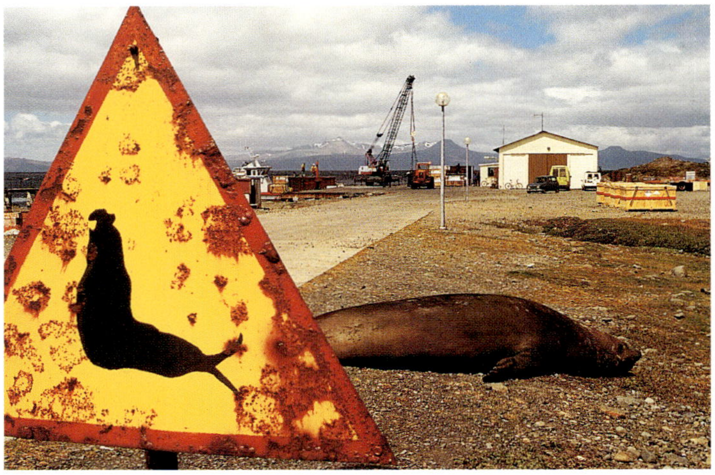

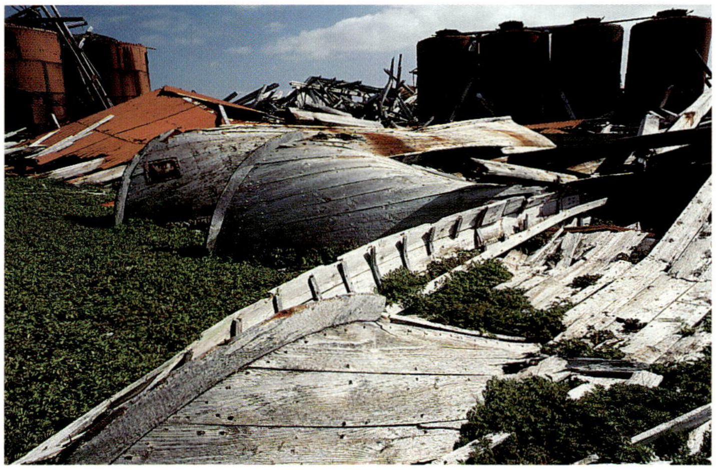

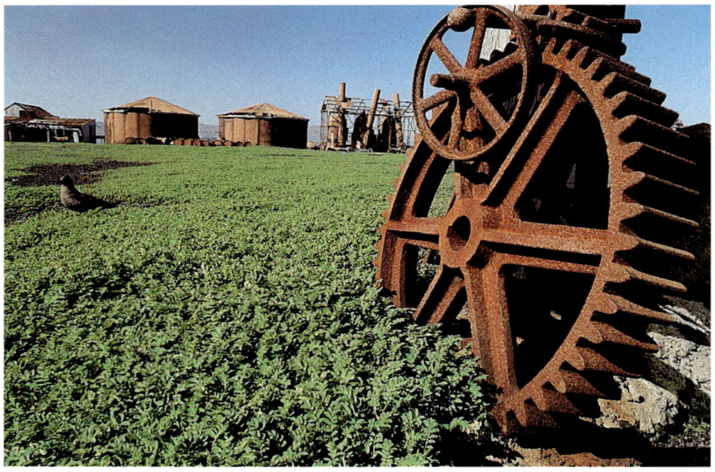

Au bout du monde, les Îles Kerguelen

par André Giret

Introduction

Par 49° de latitude sud et 70° de longitude est, les Îles Kerguelen sont aux antipodes d'un lieu situé à quelques 300 km au nord de Montréal. Mais, à la différence du Canada les caractères y sont typiquement océaniques. En plein centre de la partie méridionale de l'Océan Indien et à proximité des mers australes qui bordent l'Antarctique, elles font partie des quelques îles les plus éloignées des continents, à plus de 4 800 km de l'Australie, 5 000 km du Cap de Bonne Espérance, 2 000 km de l'Antarctique, 3 400 km de la Réunion et 13 000 km de Paris. Aucune liaison régulière ne permet de se rendre à Kerguelen et aucune piste d'avion n'y a été construite. La mer est le seul accès possible et les embarquements se font généralement à la Réunion d'où il faut compter 8 jours de navigation à 10 nœuds pour rejoindre la station de Port-aux-Français. Le retour demande une journée de plus à cause des vents et des courants contraires. La traversée est rarement calme. Il faut en effet affronter les 40èmes hurlants avec leurs chapelets journaliers de dépressions, leurs vents violents et leurs mers fortes dont les creux dépassent souvent 10 m. Peu de navires fréquentent l'archipel. Le plus important est le Marion-Dufresne, navire océanographique et ravitailleur, qui effectue des rotations pendant l'été austral, de novembre à mars, entre La Réunion, les Îles Saint-Paul et Amsterdam, les Îles Crozet et l'Archipel Kerguelen. Les autres bateaux sont des navires de pêche français et soviétiques ainsi qu'un aviso qui assure la surveillance du Territoire. De temps en temps de petits voiliers se risquent jusqu'à ces terres isolées.

A la voile, bravant tous les dangers, des marins audacieux découvrent la France Australe

Les XVème, XVIème, XVIIème et XVIIIème siècles ont été des temps riches pour les navigateurs héroïques. Des continents et de nombreuses îles sont découverts, des voies commerciales sont tracées et jalonnées par de nombreux comptoirs où se font les échanges de marchandises et les approvisionnements des navires. L'aventure continue et le sud du globe, encore inexploré, attire les marins audacieux.

La Terra Incognita

A cette époque, à moins que l'appât du gain, le désir de gloire ou l'attrait scientifique ne prévalût, il fallait être animé d'une incroyable conviction doublée d'un grand courage pour se lancer dans l'aventure australe. Tout était à craindre. Aucune carte n'existait à part celles qui reliaient les ports d'attache aux derniers comptoirs. Les conditions climatiques étaient mystérieuses, les corsaires et les pirates abondaient, les indigènes des nouvelles terres étaient souvent inhospitaliers, parfois anthropophages. A bord, la nourriture devenait rapidement malsaine, entraînant son cortège de maladies infectieuses et scorbutiques. Les gréements des voiliers étaient soumis à de très rudes épreuves. Les naufrages et les noyades étaient monnaie courante. Mais, comme en témoigne «Robinson Crusoë» de Daniel Defoe (1719), le rêve existait, et il demeure. Il faudra cependant attendre la seconde moitié du XVIIIème siècle pour que les navigateurs s'engagent dans l'aventure australe et pour qu'ils pénètrent la partie méridionale de l'Océan Indien. Astronomes et géographes soutiennent l'idée qu'un continent géant existe vers le sud, certains avancent même le chiffre de 80 millions de km², soit presque deux fois la surface des deux Amériques. C'est cette «Terra Incognita» qui permettrait la rotation régulière de la terre en faisant contrepoids aux continents de l'hémisphère nord, un peu à la manière de la masse que l'on fixe sur une jante de voiture pour équilibrer la roue. Des descriptions, inventées de toute pièce, fleurissent dans les journaux pour convaincre les responsables scientifiques et politiques de l'importance de se lancer à la découverte de ces terres. Une synergie est assurée par les conversations savantes à la cour du roi Louis XV et dans les cabinets ministériels. Selon ces écrits et ces dires, les terres inconnues doivent être aussi riches que les Amériques, peuplées d'hommes accueillants, propices à l'installation de colons et au commerce. Compte tenu de sa taille imaginaire, ce continent doit chevaucher le pôle sud et s'étendre jusqu'aux latitudes 40° ou 50° sud. C'est d'ailleurs sous ces horizons que, deux siècles auparavant (1505), le navigateur Paulmier de Gonneville prétend avoir abordé une terre australe, ce qui n'a jamais été vérifié et que l'on estime aujourd'hui fort peu probable.

Le premier voyage de Kerguelen

L'année 1772 restera dans les annales de la navigation dans l'Océan Indien car elle verra deux expéditions qui découvriront tour à tour les plus importantes des terres australes françaises, les Îles Crozet et l'Archipel Kerguelen. La première fut celle de Marion-Dufresne qui, parti de l'Île Maurice (Île de France à l'époque), devait aller vers l'ouest et contourner l'Afrique. Mais, à la suite de très gros dégâts causés par la tempête, les navires durent s'abandonner aux courants et aux vents. Cette errance permettra de découvrir une partie des Îles Crozet. Après avoir passé les Îles des Apôtres, l'Île aux Cochons et l'Île aux Pingouins (le groupe occidental), sans les voir à cause de la brume, le 25 janvier 1772 l'expédition met le pied sur une île du groupe oriental qui est nommée Île de la Possession en témoignage de la main-mise française. De là, au loin vers le levant apparaît une autre île qui semble totalement dénudée. Marion-Dufresne la nommera Île Aride, c'est à présent l'Île de l'Est. Pour Marion-Dufresne (1729–1772) et nombreux de ses hommes le voyage se terminera en Nouvelle-Zélande où des Maori les massacreront et les mangeront. C'est Crozet qui ramènera les vaisseaux en France, et c'est son nom que l'on donnera plus tard à cet archipel.

La seconde expédition fut celle d'Yves de Kerguelen de Trémarec qui, à force d'intrigues et de récits imaginaires très convaincants, se vit confier par Louis XV en 1771 la mission de trouver la Terre australe, d'entrer en relation avec ses habitants et d'estimer les échanges commerciaux qui pourraient y être faits. de Kerguelen quitte la France sur le Berryer, avec 300 hommes d'équipage, pour rejoindre l'Île de France, véritable point de départ de l'expédition. La science est au second plan puisqu'un seul homme la représente, l'abbé Rochon, mathématicien, physicien et astronome, qui sera d'ailleurs débarqué définitivement à Port Louis (Île de France) pour cause de mésentente avec le commandant. Là, de Kerguelen prend en main les deux navires qui l'attendaient, la Fortune, une flute (aviso de l'époque) de 200 hommes d'équipage et de 24 canons qu'il commandera lui-même, et le Gros Ventre, une petite gabare (cargo de l'époque) de 120 hommes et 16 canons dont le commandement sera confié à Saint-Allouarn. Une fois avitaillés, les deux navires appareillent le 16 janvier 1772. Après une traversée épouvantable une terre apparaît à l'est mais la côte ne se prête pas aux débarquement (Péninsule Rallier du Baty). On tente pourtant d'y aller en chaloupe, mais il faudra plusieurs tentatives. C'est finalement l'annexe du Gros Ventre qui réussit à accoster et qui permet à un officier (de Boisguehenneuc ou Mengam) de prendre possession de cette terre au nom du roi de France. Les navires essaient ensuite de longer les côtes, mais les conditions atmosphériques sont des plus mauvaises, ils se perdent de vue et se séparent. Saint-Allouarn, qui ne peut plus lutter contre les éléments décide de placer son navire sur le 46ème parallèle pour continuer la recherche de la Terre australe. de Kerguelen quant à lui, qui n'a même pas eu la possibilité de fouler le rivage, décide le retour vers l'Île de France pour réparer La Fortune avant de repartir pour la France qu'il rejoindra le 27 mars, bien avant que le Gros Ventre n'atteigne lui-même l'Île de France (5 septembre) où Saint-Allouarn meurt d'un empoisonnement. C'est son second, de Rosily, qui ramènera le navire en France. Pendant ce temps, de Kerguelen a été vite en besogne pour obtenir les moyens du second voyage. Il décrivit la «France Australe» comme un pays très peuplé et civilisé, avec une végétation abondante. On lui confie une seconde mission dont les objectifs sont d'une part d'essayer de pénétrer la nouvelle terre et d'entrer en relation avec ses habitants, d'autre part de secourir le Gros Ventre si on peut le retrouver. En fait ce navire arrivera à Brest en avril 1773, quelques jours seulement après le second départ de Kerguelen. Ce départ aurait-il eu lieu si de Rosily avait pu donner auparavant sa propre description de la France Australe: «Une terre qui ne mérite pas qu'on y retourne.» A Versailles, dans les antichambres du pouvoir, une confrontation entre les deux hommes aurait sans doute été de nature à changer l'histoire des Îles Kerguelen.

Le second voyage de Kerguelen

Le second voyage (26 mars 1773–7 septembre 1774) sera catastrophique du début à la fin. Aux conditions météorologiques exécrables s'ajoutèrent en effet une mauvaise préparation des navires, une conduite peu orthodoxe de Kerguelen qui méprisa les scientifiques du bord et se livra en plus à un libertinage déplacé avec une passagère embarquée clandestinement. Le départ de Brest est fait dans une hâte incompréhensible pour un homme qui avait déjà fait le voyage et qui en connaissait donc les difficultés: vivres mal choisies, vêtements inadaptés contre le froid, navires alourdis et peu manœuvrants. L'expédition comportait trois navires, le Roland, une flute de 900 tonnaux, 64 canons et 300 hommes d'équipage, l'Oiseau, une frégate, et La Dauphine, une corvette (petite frégate). Au départ de Brest ce second voyage contourna l'Espagne, le Portugal et l'Afrique pour rejoindre l'Île de France où un avitaillement était prévu avant de s'élancer à nouveau pour la Terre australe. Mais avant même d'arriver au Cap l'équipage est déjà éprouvé, souffrant de fièvres et de scorbut. Après, c'est une tempête qui endommage fortement les navires. Pour couronner cela, de Kerguelen se voit refuser toute aide à son arrivée à Port Louis. Cette attitude des autorités françaises peut s'expliquer par les témoignages et confidences de l'équipage du Gros Ventre qui, rappelons-le, avait été abandonné en mer par la Fortune et avait rejoint ce port bien après elle lors du premier voyage. Les navires durent aller réparer et avitailler à l'Île Bourbon, l'actuelle Île de la Réunion. L'appareillage a lieu le 28 octobre et les trois navires font voile sur les 40–42° sud dans le but de confirmer le positionnement des Îles Crozet, découvertes l'année précédente par Marion-Dufresne. Mais de Kerguelen, peu confiant dans son navire et inquiété par le mauvais temps, se place sur les 49° sud et se dirige droit vers la France Australe en abandonnant la mission de repérage des Îles Crozet.

Tout sera éreintant: l'attention qu'il faut déployer dans les manœuvres des navires, le froid, les grains, la neige et la grêle qui menace les voiles, la crainte de percuter des écueils, le scorbut qui gagne l'équipage et quelques maladies infectieuses qui n'épargnent même pas de Kerguelen. La Terre arrive cependant en vue le 14 décembre, mais cette fois il s'agit de son extrémité nord. Le débarquement sera précédé par de nombreuses péripéties. Les navires se perdent de vue, se retrouvent en se repérant au bruit de leurs canons, se reperdent, se retrouvent. Tentative de débarquement le 25 décembre, l'Oiseau frôle l'échouage. Nouvelles péripéties. Enfin, le 30 janvier 1772, l'enseigne de Rochegude réussit un débarquement en chaloupe et prend possession de cette terre où il laisse plusieurs bouteilles contenant un message. Les trois navires se rejoignent le 8 janvier, et le 9 de Kerguelen tente à son tour de débarquer, mais il échoue. Les conditions climatiques empirent, la Dauphine manque de nourriture et oblige un transbordement de vivres à partir du Roland. Les nouvelles tentatives de débarquement sont vaines. L'équipage est en piteux état, touché par plusieurs décès et de nombreux malades dont 120 cadres. Les vivres se raréfient. de Kerguelen décide alors le retour en France sans avoir pu lui-même fouler le sol. La route sera bien triste, 30 marins meurent et 60 sont atteints de scorbut. Les navires arrivent à Brest le 7 septembre 1772.

En France beaucoup de bruits circulent sur de Kerguelen. Il est blasphémé, calomnié. On l'accuse de non-assistance à personnes en danger, pour avoir abandonné le Gros Ventre lors de son premier voyage. Il est jalousé, certains se vengent et on ne lui pardonne pas les fortunes englouties pour ses deux expéditions. De plus, son libertinage à bord avec Louison n'est pas dans le ton du début du règne de Louis XVI. Bref, de Kerguelen passe devant un tribunal militaire et en 1776 le Conseil de Guerre le condamne à la dégradation et à six ans d'emprisonnement. Bénéficiant d'une grâce, il est libéré en 1778. Capturé ensuite en 1781 par un corsaire anglais il est emprisonné en Irlande. Il profite de ce repos forcé pour écrire un récit de ses deux voyages. La publication se fait en France après sa libération, en 1782, mais l'ouvrage est saisi et mis au pilon en 1783. Heureusement, quelques exemplaires existent encore dans les bibliothèques. La France est alors socialement agitée et dix ans plus tard les chefs du gouvernement de la Révolution réintègrent de Kerguelen dans la marine avec le grade de contre-amiral. Mais il est rapidement rejoint par la Terreur qui l'emprisonne puis qui le libère à nouveau en décembre 1994 et qui le réintègre dans son grade en 1795. Mis à la retraite en 1796, il meurt à Paris le 4 mars de l'année suivante à l'âge de 63 ans. Il est clair que Yves de Kerguelen de Trémarec a mieux connu les géoles militaires que l'île qu'il a découverte, qu'il n'a jamais foulée, et qui ne porte pas encore son nom.

La reconnaissance de James Cook

C'est le 25 décembre 1776 qu'au cours d'une campagne d'exploration des mers du sud le Britannique James Cook passe à l'Île Kerguelen avec ses deux navires, le Resolution et le Discovery. Il jette l'ancre dans la Baie de l'Oiseau, du nom du navire de Rochegude qui prit posssession de l'île, et il nomme son mouillage Port Christmas en souvenir de la date de l'arrivée. Cook débarque, retrouve les bouteilles de Rochegude et, dans l'une d'elles, ajoute un message ainsi qu'une pièce de monnaie frappée l'année même. L'expédition se livre ensuite à des relevés hydrographiques et démontre le caractère insulaire de cette terre. L'île apparaît dans sa réalité et Cook ne trahira pas ce que virent ses yeux: «J'aurais donné le nom d'Île de la Désolation si je ne voulais pas voler à Monsieur de Kerguelen l'honneur de lui appliquer son nom.» Et l'ancienne France Australe devint ainsi l'Île Kerguelen, du nom de leur découvreur dont la maxime familiale était «Vert en tout temps». Cook quitte les mers du sud en 1777 et meurt deux ans plus tard, massacré par les indigènes des Îles Hawaii.

Exo-endoscopie des Îles Kerguelen

Le climat: que de vent, que d'eau!

Le climat est sans aucun doute l'un des souvenirs les plus frappants que l'on retient des Kerguelen. L'insularité se traduit par l'influence océanique qui limite les variations de température d'une saison à l'autre. Le thermomètre descend rarement au-dessous de −10 °C au niveau de la mer en hiver et ne dépasse qu'exceptionnellement 12 °C en été. Ce sont des températures fraîches dont la moyenne annuelle est de 4 °C. On est donc loin de la rigueur polaire. Cependant le vent peut être responsable de fortes chutes de température. Généré par des dépressions d'ouest qui se suivent parfois de très près, le vent a des sautes très rapides, amenant la pluie, la neige ou le grésil, se calmant quelques minutes ou quelques heures, puis redoublant de violence dans les instants suivants. Les données enregistrées par les météorologistes de la station de Port-au-Français, l'un des endroits les plus calmes de l'archipel, sont éloquentes. La moyenne annuelle des vents est de 35 km/h avec des pointes maximales à plus de 200 km/h. 150 jours voient des tempêtes (vents supérieurs à 85 km/h), et 41 jours des ouragans (vents à plus de 120 km/h). Ces vitesses sont parfois largement dépassées dans les vallées qui forment des goulets où les masses d'air s'engouffrent. Dans ce cas, le marcheur, même alourdi par un pesant sac à dos, peut être projeté sur plusieurs mètres. La succession des dépressions et la violence des vents, souvent accompagnés par la pluie, donnent l'impression d'un pays où il pleut toujours ou presque. En fait, la pluie est intermittente et l'on a tendance à la surévaluer.

Une comparaison chiffrée avec d'autres pays indique en effet le caractère modéré des précipitations à Kerguelen puisqu'il n'y tombe que 820 mm d'eau par an contre 620 en France ou 1100 en Suisse. Bien que peu séduisant, le climat d'aujourd'hui ne semble pas pouvoir être comparé à celui qui sévissait au XVIIIème siècle, à l'époque de Kerguelen de Trémarec et de Cook. Rappelons d'ailleurs qu'en cette période, qualifiée en Europe de Petit Age de la glace, les cols des Alpes étaient englacés et la Baltique, gelée, se traversait à pied. A présent, en été, les vents sont moins violents et moins fréquents, et la mer est moins agitée. Les gréements des navires ne gèlent pas comme c'était le cas il y a 200 ans et comme cela arrive encore lorsqu'on se rapproche de l'Antarctique. Il devient rare de croiser des icebergs, même petits, au large de l'archipel. Mais l'une des manifestations les plus spectaculaires du réchauffement climatique récent est la fonte des glaciers depuis une trentaine d'années. Certains d'entre eux ont reculé de plus d'un kilomètre. D'autres, qui se jetaient en mer, laissent à présent un large passage sur le littoral où les vagues enlèvent rapidement les moraines qu'ils y avaient déposées. Plusieurs cols, englacés et infranchissables dans les années soixante, sont maintenant libres, ouvrant de nouvelles voies de passage. Les deux pics sommitaux du Mont Ross, qui culmine à 1850 m, apparaissent de plus en plus souvent sous leur véritable couleur, noire, celle des basaltes qui les constituent, alors qu'ils étaient enneigés en permanence il y a une vingtaine d'années encore. Depuis quelque temps, en été, l'assèchement temporaire de certaines zones marécageuses de moyenne altitude (300–500 m) constitue une autre manifestation du réchauffement climatique et de la baisse des précipitations. Cependant, il serait prématuré de projeter cette évolution dans le futur. On ne l'observe en effet que depuis une trentaine d'années, ce qui, pour le climat dont les cycles sont de 10 000 à 100 000 ans, ne correspond qu'à une semaine ou à un mois de la vie d'un homme.

Géographie: la mer partout ou presque
170 km séparent l'Îlot du Rendez-vous, extrémité nord, de l'Île de Boynes, extrémité sud. La grande île mesure 150 km d'est en ouest et 120 km du nord au sud. La superficie totale de l'archipel est de 7215 km^2, ce qui est comparable à la Corse (8680 km^2). Avec 2800 km de côtes, les Kerguelen ont le record mondial du découpage littoral, ce qui fait qu'aucun point n'est à plus de 20 km de la mer. Vue d'en haut, l'ensemble insulaire apparaîtrait comme une véritable dentelle festonnée de caps battus par les vagues et de fjords envahis par la mer. L'île principale est une coalescence de quatre appendices de 500 à 1000 km^2 reliés à une terre centrale. Il s'agit des Péninsules Loranchet au nord, Rallier du Baty au sud-ouest, Galliéni au sud et Courbet à l'est. D'autres ensembles plus petits ne sont reliés à la grande terre que par des isthmes très étroits, comme la Presqu'île du Prince de Galles, et les Presqu'îles Ronarc'h et Jeanne d'Arc au sud-est. Ces massifs ferment le golfe du Morbihan, une étendue d'eau de 700 km^2, ouverte sur l'est et occupée par une cinquantaine d'îles et îlots qui n'excèdent pas 200 m d'altitude. Les îles de l'archipel sont d'importance inégale. La plus grande, l'Île Foch, atteint 200 km^2. Quatre autres ont entre 30 et 80 km^2 et une douzaine

encore ont de 5 à 10 km². Les îles et îlots sont nombreux, environ 400, et il faut y ajouter près de 500 écueils, véritables ennemis des navires, soulignés par les panaches d'écume qui les coiffent. Les îles Kerguelen apparaissent donc comme un archipel extrêmement découpé. La navigation y est difficile, parfois périlleuse. De nombreux endroits ne sont d'ailleurs accessibles que par hélicoptère.

Les côtes sont généralement rocheuses, bordées de falaises qui dépassent fréquemment 200 m et qui peuvent atteindre 600 m (Pointe de Tromelin et Cap Marigny), voire 800 m comme dans la Baie Sauvage et dans la Baie des Licornes, sur la côte ouest. L'archipel s'ennoie vers l'est où les côtes sont moins élevées et plus fréquemment sablonneuses qu'ailleurs. Les plages sont rares. La plus grande est celle de Ratmanoff (4 km), les autres sont limitées à des fonds de baies et de fjords protégés de l'action de la mer. L'altitude moyenne de l'archipel est de 300 m, mais ce chiffre est peu significatif. En fait la structure est celle de vastes plateaux perchés à 400 ou 600 m et entaillés par de profondes vallées glaciaires, aux pentes abruptes et dont les fonds plats atteignent rapidement le niveau de la mer. Les sommets d'anciens volcans apparaissent dans le paysage. Le Mont Ross (1852 m), qui arme la Péninsule Galliéni, est le point culminant. D'autres sommets remarquables frisant les 1000 m jalonnent l'archipel. Le Mont Crozier (979 m) dans la Péninsule Courbet, le Mont Wyville Thomson (937 m) dans la Presqu'île Ronarc'h, le Mont Pieri (947 m) dans la Presqu'île de la Société de Géographie, le Pic Guynemer (1088 m) un peu plus au sud, Les Deux Frères (949 m) dans la Péninsule Rallier du Baty.

Alors que dans un passé lointain la glace recouvrait la totalité de l'archipel et que les glaciers arrivaient tous à la mer où ils se disloquaient en icebergs, il ne reste plus à présent qu'une calotte glaciaire principale, le Cook, située à l'ouest de la grande île. Cette immense masse de glace d'une superficie de 500 km² donne naissance à 23 glaciers dont certains vont encore jusqu'à la mer sur la côte ouest tandis que les autres disparaissent vers la côte 100 à 150 m vers l'est. D'autres centres englacés régressent et sont en voie de disparition. C'est le cas du Mont Ross sur les flancs duquel s'accrochent 9 glaciers plus ou moins bien individualisés. La régression glaciaire a produit de nombreux lacs frontaux qui envahissent les vallées là où se terminent les glaciers, Lac d'Entr'Aigues (9 km²), Lac Bontemps (7 km²), Lac Hermance (6 km²). Le plus grand lac des Kerguelen est le Lac Marville (25 km²), au nord-est des basses terres de la Péninsule Courbet. Il s'agit d'un lac lagunaire qui n'est séparé de la mer que par un cordon sableux.

Géologie : Kerguelen, la plus vieille île océanique du monde

Il y a 250 millions d'années, alors que l'Afrique, l'Inde, l'Australie et l'Antarctique étaient encore réunis dans le supercontinent de l'hémisphère sud (le Gondwana), l'Amérique du Sud, qui en faisait aussi partie jusque là, commença de dériver sous l'action de la tectonique des plaques. Il y a 120 millions d'années, de grandes dislocations du Gondwana provoquent ensuite les migrations successives de l'Afrique, de l'Inde puis de l'Australie. Trois déchirures terrestres majeures apparaissent. Elles se rejoignent en un point où de très grandes quantités de laves se répandent sur le fond océanique en édifiant un vaste plateau sous-marin dont le relief atteint 4 000 m. Le volume de cet édifice volcanique sous-marin en fait le second plateau océanique du monde. Il y a environ 40 millions d'années, le volcanisme, encore très actif mais plus localisé, continue d'accroître la hauteur du plateau qui émerge alors en donnant les Îles Kerguelen. Depuis cette époque, volcanisme et érosion interfèrent et façonnent l'archipel. Au Quaternaire, c'est-à-dire depuis 1 million d'années, malgré la formation tardive de quelques massifs comme le Mont Ross, le volcanisme tend à disparaître. Des périodes chaudes, pendant lesquelles la végétation s'installe, alternent avec des périodes froides où la glace, qui recouvre l'ensemble de l'archipel, élimine toute trace de vie.

A l'instar de l'Islande et de Hawaii la plupart des îles perdues dans les océans sont essentiellement volcaniques. Les Kerguelen n'échappent donc pas à cette règle. Les coulées de basalte qui s'y entassent comme dans un mille-feuilles forment des niveaux de quelques dizaines de centimètres à une dizaine de mètres d'épaisseur et peuvent recouvrir des surfaces dépassant 10 km². Ces empilements atteignent parfois 1000 m d'épaisseur. L'ensemble aurait l'allure d'un très vaste et monotone plateau si l'érosion ne l'avait entaillé par de larges et profondes vallées qui cisellent le relief en pyramides, trapèzes et dômes. Dans les endroits les plus exposés aux vents et aux vagues, les formes peuvent être encore plus travaillées et donner des aiguilles ou des arches. Le plus célèbre de ces ouvrages naturels est l'Arche de Port Christmas qui a été observé pour la première fois par Yves de Kerguelen de Trémarec mais dont le linteau est aujourd'hui effondré. Un autre témoin de cette architecture naturelle est Le Monument, une arche plus modeste que la précédente, située sur le flanc nord de l'Île de l'Ouest.

Cet ensemble volcanique tabulaire forme de grandes masses noires dont la monotonie chromatique est tronquée par les vallées aux pentes et aux fonds verdoyants, par les encroûtements de lichens souvent blancs ou gris clairs, et par des taches rouilles qui résultent de l'oxydation du fer dans les niveaux scoriacés. Le miroitement des lacs et des parois humides apportent de plaisants reflets par beau temps.

S'ils sont majoritaires, ces entablements basaltiques ne sont pourtant pas les seuls formations géologiques remarquables. Ils ont en effet été le siège de l'édification de volcans (Mont Ross, Mont Wyville Thomson) qui forment des reliefs élevés et dont certaines roches égaient le paysage par leur couleur très claire, presque blanche et par leurs formes originales, épaisses coulées, vastes structures en oignon, aiguilles (Doigt de Saint-Anne, Oreilles de chat, le Pouce). L'érosion de la partie volcanique de certains massifs a mis en surface des formations géologiques profondes, plutons hypovolcaniques, dont les roches souvent claires et à gros cristaux offrent des paysages totalement différents, comme dans la péninsule Rallier du Baty où les syénites prédominent sur toutes les types de roches.

Au gré de ses pas, le marcheur rencontre fréquemment des géodes minérales, des plaques de cristaux de roche (quartz), de l'agate ou encore des calcédoines, véritables joyaux façonnés pendant la longue construction volcanique des Kerguelen.

Les autres témoins géologiques de l'histoire de l'archipel sont rares, mais certains retiennent l'attention comme les sédiments riches en fossiles marins que l'on trouve sur les Presqu'îles du Prince de Galles et Ronarc'h, ou comme les niveaux à plantes fossiles, à charbon, à lignites ou à troncs silicifiés, particulièrement abondants dans le nord de l'archipel. Récemment, des moraines estimées à une trentaine de milliers d'années ont livré des troncs d'arbres qui ne sont pas encore bien fossilisés, certains dépassant 30 cm de diamètre. Cette découverte démontre que des forêts ont pu se développer pendant les périodes chaudes du Quaternaire.

La colonisation des Îles Kerguelen

Faune: l'exotisme

Les oiseaux sont toujours les premiers témoins qui signalent aux marins l'approche d'une terre. Entourées par des milliers de kilomètres d'eau, les Îles Kerguelen sont une aubaine pour ces animaux qui viennent nidifier le temps d'une ponte ou s'y installer définitivement. Depuis les grands planeurs comme les albatros qui contruisent leurs nids sur les falaises, aux plus petits pétrels qui vivent dans des terriers, en passant par les manchots qui forment des colonies très denses, les Kerguelen abritent une faune avicole variée et abondante. Les comptages et les statistiques permettent en effet d'estimer que la population d'oiseaux se situe entre 10 et 20 millions d'individus. Près de 18% sont des manchots et des gorfous. Après les hécatombes de manchots réalisés jusqu'au début du siècle par les baleiniers qui s'en servaient de combustible pour faire fondre la graisse des éléphants de mer et des baleines, la prédation humaine est à présent nulle et cette population menacée se reconstitue très rapidement.

Les principaux groupes d'oiseaux qui peuplent l'archipel sont les manchots et les gorfous, les albatros, les pétrels, les cormorans, les goélands, les chionis, les skuas et une espèce de canard. Les manchots royaux vivent en colonies pouvant atteindre 20 000 couples sur les rivages plats tandis que les manchots papous, dont les colonies sont plus petites (400 couples au maximum), colonisent des pentes herbeuses au-dessus de la mer. Les gorfous sauteurs nichent dans des anfractuosités de rochers à la limite des vagues. Les gorfous dorés, qui sont les plus nombreux (1 million de couples reproducteurs) vivent en colonies parfois impressionnantes (jusqu'à 400 000 individus dénombrés) établies sur les pentes herbacées à quelques dizaines de mètres au-dessus de la mer. Outre ces oiseaux caractéristiques des régions froides et qui sont incapables de se déplacer dans les airs, on est émerveillé par le vol gracieux des géants que sont les albatros. Le «grand albatros», qui peut atteindre 2 mètres d'envergure, a servi de taxi aux souris de «Bernard et Bianca», le film de Walt Disney. Le skua, brun, terrible prédateur, se rencontre aussi bien sur les littoraux qu'à l'intérieur des terres. Cet oiseau palmipède, au nez crochu comme un aigle, au regard perçant et aux piqués impressionnants, s'attaque à toutes les proies vivantes plus petites que lui, sans dénigrer pour autant la charogne ou les déchets des cuisines humaines. Le chionis, qui ressemble à un petit pigeon blanc, très sociable avec l'homme, est le seul oiseau non palmipède des Kerguelen. Retenons enfin le canard d'Eaton, nommé improprement sarcelle parce qu'il lui ressemble, qui fréquente tout l'archipel. Son comportement de sacrifice pour protéger ses petits est des plus attendrissants.

Les mammifères marins, éléphants de mer et otaries, sont nombreux sur les côtes des Kerguelen. Victimes des phoquiers, les premiers pour leur graisse et les secondes pour leur fourrure, leur population se reconstitue aujourd'hui à grande vitesse.

Les éléphants de mer se regroupent en plusieurs points des côtes durant l'été pour se reproduire et pour muer. C'est à partir de septembre que les femelles, d'environ 3 m de longueur, colonisent certaines plages et baies où, après 11 mois et demi de gestation, elles mettent bas un petit de 30 à 50 kg. Fin septembre arrivent alors les mâles qui peuvent atteindre 6,5 m pour 3 tonnes et qui constitueront leurs harems. La concurrence provoque de féroces combats qui ne sont cependant généralement pas mortels. En revanche, en poursuivant leurs ennemis à travers le harem, il est fréquent que les mâles écrasent des nouveaux-nés et blessent des femelles. Le vainqueur final de ces multiples assauts devient le «pacha» et fécondera ses femelles, parfois plus de cent. Il se livre pour cela à des séries de 5 à 15 saillies successives. En décembre la plupart des éléphants de mer regagnent la mer pour s'y nourrir. Ils reviendront à terre pour une période de 5 à 6 semaines, entre novembre et mai selon leur âge, pour y effectuer leur mue annuelle, puis ils repartiront en mer où ils passeront le reste de l'année.

Les otaries vivent en plus petites colonies que les éléphants de mer. De petite taille, 1,5 m pour les femelles et 1,8 m pour les mâles qui atteignent des poids de 165 kg, elles vivent sur des plages de galets ou de sable en petits groupes dominés par un mâle. Plus gracieuses que leurs volumineux cousins, elles se déplacent sur terre presqu'aussi rapidement que l'homme. Elles ont des attitudes qui rappellent celle des chiens, station assise sur le postérieur ou debout à quatre pattes, hurlements qui évoquent des aboiements. C'est sans doute pour cela que les Anglais les nomment chiens de mer (sea-dogs).

Un visiteur rare, solitaire et redoutable, aux allures de reptile, hante certains rochers littoraux ou s'immisce dans les harems d'éléphants de mer. Il s'agit du léopard de mer, inquiétant prédateur qui s'attaque aux petits éléphants de mer, aux manchots et autres oiseaux qui s'aventurent près de lui.

Les golfes et baies sont parfois visités par d'autres mammifères exclusivement marins, les cétacés: baleines, rorquals, cachalots, hyperoodons, berardius, globicéphales, orques et dauphins. Ces derniers nous régalent toujours de leurs ébats et de leurs jeux lorsqu'ils s'approchent des rivages ou des navires.

A cette faune exotique se mêlent des animaux qui ont été introduits par l'homme pour des raisons alimentaires, économiques ou accidentelles. C'est le cas des truites et des saumons apportés sous forme d'alevins dès les années cinquante et qui prolifèrent aujourd'hui dans de nombreuses rivières. Un élevage intensif, avec cycle d'alimentation en mer, a d'ailleurs été créé avec succès dans une station construite à cet effet, mais la chute des cours a provoqué l'arrêt de cette tentative d'exploitation. Le lapin a quant à lui été amené par les phoquiers à partir de la fin du XIXème siècle. Il s'est d'abord largement répandu dans les plaines fluviales herbues, puis il a colonisé d'autres zones vertes plus en altitude. Les nombreux terriers qu'il creuse détruisent les sols qui ont mis plusieurs centaines d'années à se constituer et il est responsable d'une dégradation pédologique intense, très spectaculaire en certains endroits. Rares sont les îles où il est absent. Les moutons, dont l'élevage sur l'île a été tenté avec succès à partir des années cinquante, sont à présent strictement contrôlés et parqués dans une île du Golfe du Morbihan (Île Longue) où un berger les entretient et veille sur le cheptel et les pâturages. L'introduction de 2 couples de mouflons provenant du Zoo de Vincennes (Paris) date de 1956. Cette introduction a été un véritable succès dont le revers est un manque de nourriture chronique sur l'île où ils ont été fixés, obligeant les autorités locales à des abattages massifs. Actuellement le cheptel est étroitement contrôlé, il est de l'ordre de 150 têtes. Le renne de Laponie a été introduit un peu avant le mouton. Limité initialement à une île, cet animal qui peut nager a su rejoindre la grande terre où sa population, mal connue, doit dépasser le millier d'individus. Les rats et les souris abondent, la date de leur introduction est inconnue, mais on peut la relier à l'arrivée des premiers navires à Kerguelen. Si le chat a été observé vers la fin du XIXème siècle il semble que les premiers individus n'aient pu survivre ou proliférer de façon durable. Mais, de nouveaux chats, apportés pour l'agrément de leur compagnie ou pour chasser les souris, ont été réintroduits sur l'île lors de l'établissement de la station de Port-aux-Français dans les années cinquante. Aujourd'hui on trouve des chats partout sur la grande île où ils représentent un véritable danger pour les oiseaux, en particulier pour les pétrels qui vivent dans des terriers et qui sont des proies faciles. Leur nombre est de l'ordre de 15 000, une population capable de tuer près de 5 millions d'oiseaux et d'oisillons chaque année.

Comme partout, il existe aussi une vie à peine visible qui colonise les touffes végétales, les sols, les rivières et les lacs. Il s'agit d'une microfaune représentée essentiellement par des protistes et d'une méiofaune constituée de nématodes, d'acariens, de tartigrades, de mollusques (surtout de petits escargots), d'araignées, de crustacés (copépodes, cladocères et ostracodes), de lombriciens (vers), d'insectes généralement aptères ou avec des ailes atrophiées qui interdisent le vol (collemboles, thysanoptères, lépidoptères, coléoptères, diptères).

Flore : quelques espèces endémiques

Une grande partie des littoraux est envahie par des algues brunes géantes, les Macrocystis et les Durvillea, solidement accrochées aux rochers du fond marin. Ces algues forment des drapages qui ondulent dans les vagues et les courants à l'image de souples chevelures. D'autres algues, brunes, vertes ou rouges forment des touffes sur les fonds clairs ou sur les rochers battus par la mer.
A terre, la végétation est plus rare. Certains fonds de vallées sont couverts de tapis verdoyants que l'on retrouve sur quelques plateaux à moins de 200 m d'altitude. Au-delà, il n'y a plus que quelques lichens. Contrairement aux descriptions imaginaires d'Yves de Kerguelen, il n'existe ni arbre ni arbuste. Le vent interdit aux plantes de croître en hauteur et seule résiste une végétation rase surtout constituée de mousses, d'herbes et de fougères.

Bien qu'ils soient beaucoup plus discrets que les autres plantes, les lichens sont les grands colonisateurs végétaux des îles. On les trouve depuis les plages battues par les vagues jusqu'à des altitudes de 600 m et plus. Les lichens encroûtants forment des tâches de différentes couleurs pouvant atteindre 1 m de diamètre. Les types raméfiés constituent des petites touffes de quelques centimètres de hauteur. Plus de 150 espèces ont été inventoriées dont près de 60 sont endémiques, c'est-à-dire qu'elles n'existent qu'aux Kerguelen où elles sont apparues. Il existe aussi des champignons, mais ils sont rares. Les plus fréquents sont de petites pezizes rouges, nommées «Oreilles de chat» dans nos régions, mais on peut également ramasser des rosés (Agaric) qui poussent à proximité des zones ayant été, ou étant, fréquentées par les moutons. Les mousses sont peu variées et ne résistent que celles qui sont spécifiques aux terrains acides car les sols calcaires ou humiques sont absents. Il est fréquent que de vastes tapis de mousse puissent recouvrir des poches de vases ou des marécages, jusqu'à des altitudes de 200 m. La solidité de ces radeaux végétaux n'est cependant pas suffisante pour éviter que le marcheur s'y enfonce parfois jusqu'aux épaules. S'extraire de ces pièges est un exercice long et épuisant, les forces de succion étant très grandes.

D'immenses tapis de verdure couvrent en partie les fonds de vallées et les pentes jusqu'à une cinquantaine de mètres d'altitude. L'Acæna, une phanérogame qui, de loin, rappelle un peu le trèfle, s'étend largement. Au printemps, ses fleurs en petites boules de piquants qui s'accrochent partout, colorent en rouge les fonds des vallées colonisées. L'Azorella, une ombellifère, forme de lourds coussins coalescents dans les prairies d'Acæna et sur les pentes où l'eau ruisselle. Les talus et petites falaises qui bordent la mer sont souvent envahies par une phanérogames d'un vert très tendre, Cotula plumosa. Cette plante, soyeuse et gorgée d'eau, est un véritable danger pour celui qui y pose le pied car elle est terriblement glissante.

Outre ces espèces largement répandues, d'autres plantes cosmopolites s'élèvent au-dessus des prairies d'Acæna ou d'Azorelle. On trouve ainsi plusieurs phanérogames, cosmopolites et des cryptogames comme quelques fougères et deux lycopodes qui érigent leurs hampes à quelque 50 cm de hauteur. Les plantes endémiques sont très peu nombreuses et deviennent rares, peut-être à cause de la variation climatique du dernier siècle. Il s'agit de phanérogames parmi lesquelles on dénombre deux caryophyllacées (Lyallia kerguelensis et Colobanthus kerguelensis), une renonculacée (Ranunculus Moseleyi), deux graminées (Poa Cooki et Poa kerguelensis) et le fameux chou de Kerguelen, le Pringlea antiscorbutica, qui est une crucifère. Les propriétés de ce chou l'ont conduit à être consommé à titre thérapeutique par les navigateurs qui faisaient halte aux Kerguelen. En effet sa forte teneur en acide ascorbique est un moyen de prévenir le scorbut, l'une des plus redoutables maladies de la marine ancienne. Aujourd'hui, il n'est plus mangé qu'à titre de curiosité gustative. Comme pour le chou-fleur, il est recommandé de le faire bouillir dans plusieurs eaux pour lui enlever son âpreté et son amertume. Toutefois, il est très agréable de le consommer cru, en fines lamelles et en vinaigrette. Les anciennes descriptions laissent penser que ce chou était très largement répandu à Kerguelen. A présent, il a disparu de tous les lieux fréquentés par les lapins, c'est-à-dire de la presque totalité de l'archipel. En revanche, dans les îles sans lapins, les choux sont si abondants qu'ils constituent un véritable obstacle à la marche. Les plus gros des choux peuvent atteindre 1 m de hauteur et une circonférence de 70 cm avec des racines longues de plusieurs mètres.

L'homme, un prédateur repenti

Dès la fin du XVIIIème siècle et pendant tout le XIXème siècle, les phoquiers et les baleiniers anglo-saxons prospectent le littoral des Kerguelen, mais gardent jalousement leurs résultats pour que la concurrence n'en profite pas et l'on ne saura jamais la précision de leurs relevés. Ils ne s'implantent pas solidement à terre. Leurs navires sont leurs maisons. Des baleinières sont mises à l'eau pour prospecter et chasser les otaries à fourrure, les manchots dont la graisse extraite avec des presses sert de combustible, les éléphants de mer et les baleines dont on commercialise les graisses. De ces temps héroïques il ne reste que de rares vestiges de pierres, reliques d'abris de fortune, et quelques grosses marmites, que l'on retrouve en partie enfouies dans le sable ou la boue, qui servaient à fondre les graisses à terre pour éviter de devoir ramener les animaux à bord. Au début du XXème siècle, l'exploitation des baleines et des éléphants de mer prend une dimension industrielle. En 1908, des Norvégiens construisent Port Jeanne d'Arc dans le sud du Golfe du Morbihan. Là, quatre bâtiments d'habitation avaient une belle facture avec des fondations en moellons de basalte, des murs en bois, des toits en tôle et une isolation thermique remarquable pour l'époque et le lieu. Une usine, des chaudières, un atelier de mécanique, une petite étable, un ponton équipé de treuils complétaient cet ensemble et donnaient l'allure d'un village très actif. La guerre 1914–18 ralentit l'activité qui reprend cependant après l'armistice, mais qui cesse définitivement en 1929. Actuellement, Port Jeanne d'Arc n'est plus que ruines et il n'y subsiste qu'un des bâtiments d'habitation qui a été remis en état en 1977.

Une seconde tentative de colonisation a eu lieu à Port Couvreux, petite station d'élevage ovin située au nord de la Grande Terre. Démarré en 1912, cet élevage a été interrompu par la Première Guerre mondiale, puis a repris en 1927 pour s'arrêter définitivement en 1931.

L'exploitation animale et sauvage des Îles Kerguelen n'a pas laissé une meilleure connaissance de l'archipel que celle qu'avaient permise les expéditions du XVIIIème siècle. Au début du siècle pourtant, deux hommes, d'esprit curieux et de grande culture, rêvaient d'explorer ces terres, de les décrire et d'apporter ainsi les données nécessaires à toute quête scientifique ultérieure. Il s'agit des frères Henri et Raymond Rallier du Baty qui firent, à leurs frais, une première expédition dans les années 1908 et 1909 avec un navire qu'ils nommèrent le J.B. Charcot, en hommage à ce grand explorateur des mers froides. C'est le hasard de leur cabotage autour de l'archipel qui leur fit découvrir la présence de Norvégiens et le village de Port Jeanne d'Arc dont ils ignoraient la récente existence. Une seconde expédition dirigée cette fois uniquement par Raymond Rallier du Baty eut lieu en 1913–1914 avec un autre navire, La Curieuse. Elle fut abrégée par la guerre. Toutefois, grâce à ces deux expéditions, des données abondantes et précises furent obtenues, tant dans le domaine de l'hydrographie et des côtes que dans celui de la géographie intérieure des îles. Par la suite, entre 1928 et 1952, un Suisse, Edgar Aubert de la Rüe, fit plusieurs voyages aux Kerguelen, souvent accompagné de son épouse, Andrée. Ses études géomorphologiques, géologiques, botaniques et zoologiques sont des références pour tous les scientifiques qui parcourent maintenant l'archipel.

C'est à partir de 1951 que la France décide l'installation d'une station scientifique permanente dans un endroit relativement bien accessible du nord du Golfe du Morbihan, à Port-aux-Français. De 1951 à 1976, la station ne cessera de grandir avec la construction, année après année, de nouveaux bâtiments destinés à la recherche scientifique. Dans sa configuration actuelle, Port-aux-Français peut accueillir une centaine de personnes pendant toute l'année, une moitié pour la science, l'autre pour la logistique. En période estivale, de décembre à mars, c'est-à-dire quand les campagnes scientifiques battent leur plein, il y a presque 200 personnes sur l'archipel.

Depuis leur découverte, les Îles Kerguelen étaient placées sous l'autorité du gouvernement de la France. L'éloignement de la métropole a conduit à les confier à partir de 1924 au gouvernement de la France à Madagascar dont le rôle essentiel consistait à gérer l'exploitation piscicole des eaux territoriales. En 1955, à la suite de l'indépendance de Madagascar, il fut créé un Territoire d'Outre-Mer constitué des quatre districts: les Îles Saint-Paul et Amsterdam, les Îles Crozet, l'Archipel Kerguelen et la Terre Adélie en Antarctique. Ce Territoire, communément appelé TAAF (Terres Australes et Antarctiques Françaises), est coiffé par un Administrateur Supérieur qui a rang de Préfet de Département d'Outre-Mer et qui est donc placé directement sous l'autorité de son Ministre de tutelle. Sa mission couvrait plusieurs volets: politique, administratif, logistique et recherche. Aujourd'hui, la partie recherche, très lourde, a été séparée et confiée à l'Institut Français pour le Recherche et la Technologie Polaires (IFRTP).

Conclusion

Kerguelen, bout du monde, îles protégées par des milliers de kilomètres d'océan, terres exceptionnelles que l'on ne quitte jamais sans une grande émotion. Après l'irresponsable sauvagerie des phoquiers et baleiniers du début du siècle, il fallait réparer, redonner une authenticité à cette nature. Nous ne pouvons rendre leur virginité à ces lieux mais nous avons pris conscience de l'extraordinaire richesse de ce patrimoine. Les îles sont à présent protégées, la pêche contingentée et surveillée, les animaux et la flore respectés.

Vies indigènes et introduites tendent vers un nouvel équilibre dont la seule loi doit être celle de la Nature.

Statistiques

Situation géographique	Océan Indien	48°40' / 49°40' sud	
		68°30' / 70°30' est	
Distances par rapport à:	l'Antarctique	2000 km	
	l'Australie	4800 km	
	l'Afrique (cap de Bonne Espérance)	5000 km	
Superficie		7215 km^2	
Etendue	Île principale	140 km d'est en ouest	
		120 km du nord au sud	
Longueur de côtes		2800 km	
Nombre d'îles		1 île principale	
		400 îles petites et minuscules	
		500 rochers et récifs	
Altitude maximale	Mont Ross	1850 m	
Glacier le plus étendu	Cook (glacier tabulaire)	500 km^2, 1050 m altitude	
Age géologique		40 millions d'années	
Découverte	Y.J. de Kerguelen-Trémarec	1772 février	
	Capitaine James Cook	1776	
Données climatiques enregistrées à Port-aux-Français			
Précipitations atmosphériques		Janvier	57 mm
(quatre fois plus importantes sur la côte ouest)		Juillet	76 mm
		Moyenne annuelle	820 mm
Température		Janvier	7,1 °C
		Juillet	1,9 °C
		Moyenne annuelle	4,4 °C
Vitesse maximale du vent (enregistrée en août 1970)		288 km/h	
Vitesse annuelle moyenne du vent		35 km/h	
Durée d'ensoleillement (par jour)		Janvier	6,0 heures
		Juillet	2,7 heures
		Moyenne annuelle	4,4 heures

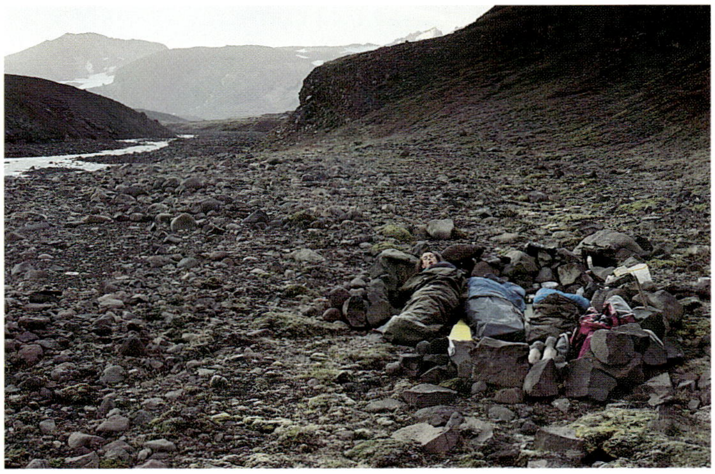

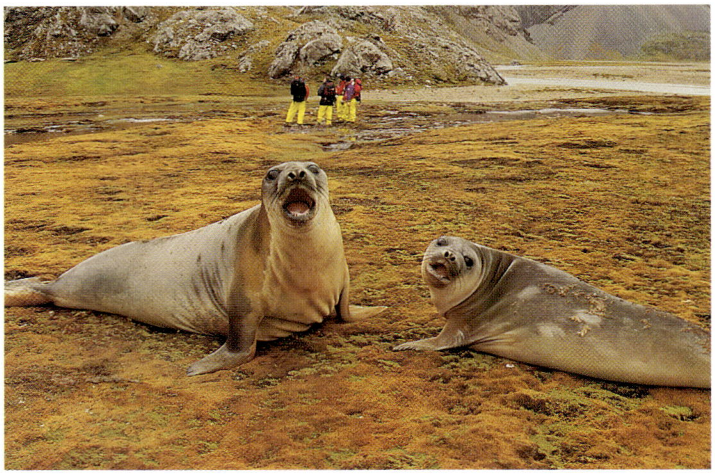

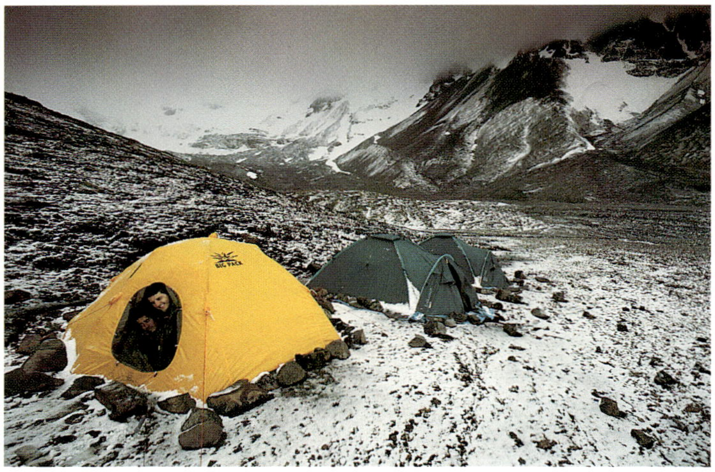

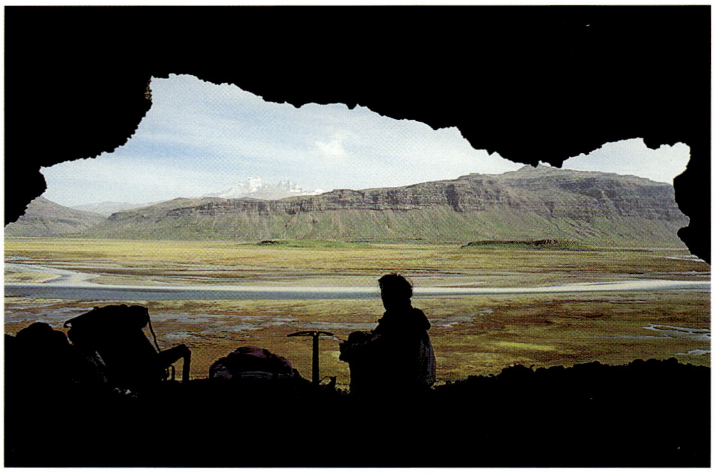

At the end of the world: the Kerguelen Islands

by André Giret

Introduction

Lying at 49° latitude South and 70° longitude East, the Kerguelen Islands are at the antipodes of a place situated some 300 km North of Montreal. But, unlike Canada, the features here are typically oceanic. In the heart of the Southern part of the Indian Ocean and close to the Austral seas which border on the Antarctic, they are among the most remote islands in the world – over 4,800 km from Australia, 5,000 km from the Cape of Good Hope, 2,000 km from Antarctica, 3,400 km from La Réunion and 13,000 km from Paris.

There is no regular shipping route to Kerguelen and no runway has been built for aircraft. Access is possible only by sea and passengers generally embark in La Réunion from which Port aux Français is reached after a voyage of 8 days at a speed of 10 knots. The return journey takes one day longer because of the contrary winds and currents. The crossing is seldom calm. Ships must traverse the roaring forties with their daily cycle of depressions, violent gales and heavy seas, with waves often more than 10 metres high. Few vessels call at the archipelago. The biggest of them is the Marion-Dufresne, an oceanographic and supply vessel which sails between La Réunion, the Islands of Saint-Paul and Amsterdam, the Crozet Islands and the Kerguelen Archipelago during the Southern summer between November and March. The other boats are French and Soviet fishing vessels and a naval corvette which guards the territory. Occasionally, little sailing yachts venture out to these remote lands.

Defying all the dangers, intrepid sailors discovered France in the Southern hemisphere

The 15th, 16th, 17th and 18th centuries were eventful times for heroic navigators. Continents and islands were discovered, trade routes mapped out and many outposts set up along them where goods were traded and ships victualled. The adventure continued and the Southern hemisphere, still unexplored, attracted intrepid sailors.

Terra Incognita

In those days, unless the lure of profit, a thirst for glory or scientific interest were the motivation, it took incredible conviction and great courage to embark on an adventurous voyage to the Southern Seas. The risks were overwhelming. No maps existed, apart from those which showed the route between the home ports and the last trading outposts. The climatic conditions were a mystery. Pirates and corsairs abounded. The indigenous populations of the new lands were often inhospitable and sometimes even cannibals. Food on board soon went bad, bringing a succession of infectious diseases and scurvy. The rigging of the sailing vessels was under severe strain. Shipwrecks and drowning were commonplace. But, as Daniel Defoe's "Robinson Crusoe" (1719) proved, the dream was still alive. However, it was not until the second half of the 18th century that navigators set out on their voyages far into the Southern hemisphere and penetrated the deep south of the Indian Ocean. Astronomers and geographers believed in the existence of a vast continent towards the South. Some even advanced the figure of 80 million km², equivalent to nearly twice the land mass of the two Americas. They believed that it was this "Terra Incognita" which permitted the regular rotation of the earth by counterbalancing the continents in the Northern hemisphere – on the same principle as the lead balancing weights that are sometimes fixed to the rim of a car wheel. Descriptions, made up in the fertile imaginations of their authors, abounded in the newspapers to persuade scientific and political leaders of the importance of embarking on a voyage of discovery to these new lands. Learned conversations at the Court of King Louis XV and in ministerial offices reached the same conclusion. According to these written and spoken sources, the unknown lands must be as rich as the Americas, with a welcoming population, and conducive to the arrival of colonial settlers and trade. Given its imaginary size, this continent was thought to lie astride the South Pole and extend to latitudes 40° or 50° South. It was in these whereabouts that two centuries before (1505), the navigator Paulmier de Gonneville claimed to have made landfall on Southern soil. That claim was never verified and is thought highly unlikely today.

Kerguelen's first voyage

The year 1772 was a landmark in the annals of navigation in the Indian Ocean because it saw two expeditions which discovered, turn by turn, the most important of the French Austral lands: the Crozet Islands and the Kerguelen Archipelago. The first voyage was that of the Marion-Dufresne which set sail from Mauritius (then known as Ile de France) to sail Southwards and round the tip of Africa. After suffering severe storm damage, the ships were obliged to follow the winds and currents. In their wanderings, they discovered some of the Crozet Islands. After passing the Islands of the Apostles, the Isle of Pigs and the Isle of Penguins (the Western group), without sighting them because of the mist, on 25 January 1772 the expedition set foot on an island of the Eastern group which was named Possession Island as a symbol of French control. From here, far off towards the East, another island could be discerned. It appeared to be totally barren. Marion-Dufresne named it Arid Island. Today, it is known as the Eastern Island. For Marion-Dufresne (1729–1772) and many of his men, journey's end came in New Zealand where the Maoris massacred and ate them. Crozet went on to bring the vessels back to France and this archipelago was later named after him.

The second expedition was led by Yves de Kerguelen de Trémarec who, on the strength of much intrigue and highly persuasive tales, was entrusted by Louis XV in 1771 with the task of finding the Southern Land, establishing relations with its inhabitants and assessing the prospects for trade. De Kerguelen set sail from France on board the Berryer with a crew of 300 men to reach the Ile de France. This was the expedition's veritable point of departure. Science was relegated to second place. It was represented by one man only, the reverend Rochon, a mathematician, physicist and astronomer. He was finally put off the ship in Port-Louis (Ile de France) after an argument with the captain. Here, de Kerguelen took over the two ships which were awaiting him, the Fortune, a sloop with a crew of 200 men and 24 guns which he placed under his own command, and the Gros Ventre, a small store ship carrying 120 men and 16 guns captained by Saint-Allouarn. Once the two vessels had been victualled, they set sail on 16 January 1772. After a terrible crossing, land was sighted in the East, but the coast was unsuitable for a landing (Rallier du Baty Peninsula). The crew did try to reach it by longboat, but several attempts were necessary. Finally, the Gros Ventre's tender succeeded in making a landfall and an officer (de Boisguehenneuc or Mengam) was able to take possession of this land in the name of the King of France. The ships then tried to sail round the coast, but the weather conditions were terrible. They lost contact and separated. Saint-Allouarn, who was no longer able to fight the storm, decided to position his ship on the 46th parallel to continue his search for the Austral Land. De Kerguelen, who had not even been able to step ashore, decided to return to the Ile de France for repairs to his ship, La Fortune, before setting sail again for France where he arrived on 27 March, well before the Gros Ventre in turn reached Ile de France (5 September). Saint-Allouarn died here of poisoning. It was his second in command, de Rosily, who brought the ship back to France. Meanwhile, de Kerguelen had already set about raising funds for a second voyage. He described "Austral France" as a populous and civilized country with abundant vegetation. He was put in command of a second mission whose objectives were firstly to penetrate into the interior of the new land and establish contact with its inhabitants and secondly, to succour the Gros Ventre if it could be found. In actual fact, this vessel arrived in Brest in April 1773, just a few days after de Kerguelen had set sail for the second time. Would his departure have been authorized if de Rosily had been able to give his own description of Austral France as "a land which was not worth a second visit"? In Versailles, in the lobbies of power, a confrontation between the two men would no doubt have changed the history of the Kerguelen Islands.

Kerguelen's second voyage

The second voyage (26 March 1773–7 September 1774) was a disaster from beginning to end. Execrable meteorological conditions were compounded by the ill-prepared ships and de Kerguelen's unorthodox conduct: he treated the scientists on board with disdain and indulged in untimely amorous activities with a woman passenger who had been taken on board clandestinely. The hasty departure from Brest was incomprehensible on the part of a captain who had already made the voyage and was aware of its rigours: ill-chosen victuals, clothing that was unsuitable for the cold and heavily laden vessels that were hard to manoeuvre. The expedition comprised three vessels, the Roland, a 900 ton store ship with 64 guns and a 300 man crew, a frigate, the Oiseau and a corvette, the Dauphine. After setting sail from Brest, this second flotilla circumnavigated Spain, Portugal and Africa to reach the Ile de France, where supplies were due to be taken on board before setting out again for the Austral Lands. But before they had even reached Cape Town, the crew was exhausted by fever and scurvy. Later, the ships suffered severe storm damage. To cap it all, de Kerguelen was refused all aid when he reached Port Louis. This attitude on the part of the French authorities may be explained by the testimony and confidences of the Gros Ventre's crew. It will be recalled that the Gros Ventre had been abandoned at sea by the Fortune and had returned to this port long after the latter during the first voyage. The ships were obliged to sail to the Ile Bourbon, now known as Ile de la Réunion, to undergo repairs and take supplies on board. They set sail on 28 October and the three vessels headed 40–42° South in order to confirm the position of the Crozet Islands discovered in the previous year by Marion-Dufresne. But de Kerguelen, who placed little trust in his vessel and was troubled by bad weather, headed 49° South and made straight for Austral France after abandoning his survey mission to the Crozet Islands.

The whole venture proved exhausting: exceptional care had to be taken in manoeuvring the vessels; cold, squalls, snow and hail threatened the sails; the ships risked grounding on shoals; scurvy struck down the crew, to say nothing of infectious diseases from which even de Kerguelen himself was not spared. However, land was sighted on 14 December; this time, it was the Northern tip. The landing was preceded by many difficulties. The ships lost contact and had to fire off their guns to steer by the sound. This went on time and time again. A landing was attempted on 25 December and the Oiseau nearly foundered. More problems ensued. Finally, on 30 January 1772, ensign de Rochegude made a successful landing by long boat and took possession of this land where he left several bottles containing a message. The three ships met up again on 8 January and on the 9th, de Kerguelen tried in his turn to land but failed. The weather conditions worsened, the Dauphine was short on food supplies and victuals had to be transferred from the Roland. Further attempted landings proved fruitless. The crew was in a dreadful state with several deaths and many sailors struck down by illness, including 120 officers and non-commissioned officers. Food became scarce. De Kerguelen then decided to return to France without even setting foot on land himself. The voyage was a melancholy affair. 30 sailors died and 60 went down with scurvy. The vessels arrived in Brest on 7 September 1772.

In France, persistent rumours about de Kerguelen were doing the rounds. He was cursed and slandered. He was accused of failure to assist persons in danger by abandoning the Gros Ventre on his first voyage. He was a victim of jealousy. Some people extracted vengeance and would not forgive the fortune swallowed up by these two expeditions. Moreover, his amorous affair on board with Louison did not accord with the spirit prevailing in the early days of Louis XVI's reign. The upshot was de Kerguelen's court martial, and in 1776 the Council of War sentenced him to be cashiered and imprisoned for six years. He was later pardoned and released in 1778. In 1781, he was captured by an English corsair and imprisoned in Ireland. He profited from this enforced period of idleness to write an account of his two voyages. This was published in France after his release in 1782, but the work was seized and destroyed in 1783. Fortunately, a few copies have survived in libraries. France was then in the throes of social agitation and, ten years later, the leaders of the revolutionary government reinstated de Kerguelen in the navy with the rank of rear-admiral. But the Terror soon caught up with him and he was imprisoned before being released again in December 1794 and restored to his former rank in 1795. He was retired from active service in 1796 and died in Paris on 4 March of the following year at the age of 63. Yves de Kerguelen de Trémarec was manifestly more familiar with military jails than with the island which he had discovered, but on which he never set foot and which did not yet bear his name.

James Cook's voyage of reconnaissance

On 25 December 1776, during a campaign of exploration of the Southern Seas, the British captain, James Cook, passed Kerguelen Island with his two vessels, the Resolution and the Discovery. He anchored in l'Oiseau Bay, named after the vessel of Rochegude who had first taken possession of the island. He named his own anchorage Port Christmas to mark the day on which he arrived here. Cook landed, found de Rochegude's bottles and added to one of them a message and a coin minted in the same year. The expedition then conducted a hydrographic survey and proved the new land to be an island. The real nature of the island was now apparent and Cook did not seek to hide what he saw with his own eyes: "I would have called this Desolation Island if I had not wished to leave Monsieur de Kerguelen the honour of giving this land his name". And so, the former Austral France became Kerguelen Island after the name of their discoverer whose family maxim was "Evergreen". Cook left the Southern Seas in 1777 and died two years later at the hand of natives in the Hawaii Islands.

Detailed description of the Kerguelen Islands

The climate: wind and water without end!

The climate is certainly one of the most haunting memories which the visitor takes back with him from the Kerguelen Islands. The influence of the Oceanic climate on the island group limits temperature variations between the seasons. The thermometer seldom drops below $-10\,°C$ at sea level in winter and only exceptionally exceeds $12\,°C$ in summer. The temperature is persistently fresh with an annual average of $4\,°C$, far removed from the rigours of the polar latitudes. However, the wind can cause the temperature to drop sharply. Generated by Westerly depressions which sometimes follow in quick succession, the wind can rise very quickly, bringing with it rain, snow or hail. It may then subside for a few minutes or hours before setting in again with redoubled violence immediately afterwards. The figures recorded by meteorologists at Port aux Français weather station, one of the calmest places in the archipelago, are eloquent. The annual average wind speed is 35 km/h with peaks of more than 200 km/h. Storms (winds in excess of 85 km/h) blow for 150 days of the year and hurricanes (winds of more than 120 km/h) for 41 days. These speeds are sometimes greatly exceeded in the valleys; these create bottlenecks in which the air masses are engulfed. When that happens, a walker, even if he is carrying a heavy rucksack, can be thrown forwards for several metres. The succession of depressions and violent winds, often accompanied by rain, gives the impression of a country in which it is almost always raining. In reality, the rain is intermittent and tends to be exaggerated. A detailed comparison with other countries reveals in fact the moderate nature of rainfall in Kerguelen. Just 820 millimetres of water fall here, compared to 620 in France and 1,100 in Switzerland.

Although the climate is unattractive today, it probably has no common measure with that prevailing in the 18th century in the days of Kerguelen de Trémarec and Cook. At that time, which is referred to in Europe as the little ice age, the Alpine passes were covered in ice and the frozen Baltic could be crossed on foot. Nowadays, in summer, the winds are less violent and less frequent and the sea is less turbulent. The rigging of ships no longer freezes, as was the case 200 years ago, and as still happens when they approach Antarctica. It is rare nowadays to encounter icebergs, even small ones, off the coasts of the archipelago. But one of the most spectacular manifestations of the recent warming of the climate is the melting of the glaciers in the past 30 years. Some have receded by more than one kilometre. Others, which used to drop straight into the sea, now leave a wide band along the shoreline where the waves quickly wash away the moraine debris deposited here. A number of passes which were iced up and impassable in the sixties have now become accessible, opening up new routes into the interior. The two high peaks of Mount Ross which culminate at 1,850 m can now be seen increasingly often in their true colour, i.e. the black of basalt rock. Only twenty years ago, they were still under a permanent snow covering. For some time now in summer, the temporary drying out of certain medium altitude marshy zones (300–500 m) is another manifestation of climatic warming and lower rainfall. However, it would be premature to project this trend into the future. Observations have in fact only been made for the past thirty years or so. Bearing in mind that climatic cycles last for between 10,000 and 100,000 years, this is equivalent to no more than a week or a month in the life of a man.

Geography:
the sea is (almost) everywhere

170 kms separate Rendez-Vous Islet in the Far North from Boynes Island in the Far South. The big island measures 150 km from East to West and 120 km from North to South. The total land area of the archipelago is 7,215 km^2, roughly equivalent to that of Corsica (8,680 km^2). With their 2,800 km of coast, the Kerguelen Islands are the world record holders for irregular coast lines, with the result that no single point is more than 20 km from the sea. Viewed from the air, the island group would resemble a piece of lace, festooned with capes beaten by waves and fjords invaded by the sea.

The principal island consists of four appendages with an area of between 500 and 1,000 km^2 linked to a central land. These are the peninsulas of Loranchet in the North, Rallier du Baty in the South West, Galliéni in the South and Courbet in the East. Other smaller groups are joined to the main land mass by very narrow isthmuses such as the Prince of Wales peninsula and the Ronarc'h and Jeanne d'Arc peninsulas in the South East. These land masses close off the Gulf of Morbihan, a stretch of 700 km^2 of water open to the East and occupied by some 50 islands and islets whose altitude never exceeds 200 m. The importance of the islands of the archipelago varies. The biggest, Foch Island, has an area of 200 km². Four others measure between 30 and 80 km² and twelve between 5 and 10 km². There are many islands and islets, around 400 in fact and close on 500 shoals. These are the enemies of all ships and can be identified by the plumes of foam breaking over them. The Kerguelen Islands are therefore a highly irregular archipelago. Navigation here is difficult and sometimes perilous. Many places are accessible only by helicopter.

The coasts are generally rocky with cliffs that are often more than 200 m high. Sometimes they reach 600 m (Pointe de Tromelin and Cap Marigny) or even 800 m in the case of Baie Sauvage and Baie des Licornes on the Western coast. The archipelago becomes progressively lower towards the East where the coasts are not so high and more often sandy than elsewhere. Beaches are rare. The biggest is at Ratmanoff (4 km), the others being confined to the depths of the bays and fjords protected from the action of the sea.

The average altitude of the archipelago is 300 m, but this figure is not particularly meaningful. The structure is that of vast plateau at an altitude of 400 or 600 m scarred by deep glacier valleys with abrupt slopes and flat beds which soon run down to sea level. The summits of extinct volcanoes are typical features of the landscape. Mount Ross (1,852 m) on Galliéni Peninsula is the highest point. Other remarkable summits of just under 1,000 m are scattered all over the archipelago. Mount Crozier (979 m) on the Courbet Peninsula, Mount Wyville Thomson (937 m) on Ronarc'h Isthmus, Mount Pieri (947 m) on the Geographical Society Isthmus, Guynemer Peak (1,088 m) further South and the Two Brothers (949 m) on Rallier du Baty Peninsula.

In the remote past, the entire archipelago was covered in ice and the glaciers stretched down to the sea where they broke up into icebergs. Today, all that is left is the main Cook ice cap, lying on the Western side of the main island. This enormous ice mass covering 400 km² is the source of 23 glaciers, some of which still stretch down to the sea on the Western coast while others disappear at an altitude of between 100 and 150 m towards the East. Other ice caps are receding and disappearing completely. This is the case at Mount Ross on the flanks of which nine more or less separate glaciers have formed. The recession of the ice has produced many frontal lakes which invade the valleys where the glaciers end, e.g. Lake d'Entr'Aigues (9 km²), Lake Bontemps (7 km²) and Lake Hermance (6 km²). The biggest lake of the Kerguelen Islands is Lake Marville (25 km²) on the North Eastern part of the lowlands on Courbet Peninsula. This is a lagoon which is separated from the sea by a belt of sand.

Geology: Kerguelen, the world's oldest oceanic island

250 million years ago at a time when Africa, India, Australia and Antarctica were all joined together in the super-continent of the Southern hemisphere (known as Gondwana), South America, which also formed part of this continent, began to drift under the influence of plate tectonics. 120 million years ago, the great dislocations of Gondwana resulted in

successive movements of Africa, India and Australia. Three major fractures in the land mass appeared. They joined up at a point where great quantities of lava were ejected over the ocean depth to form a vast submarine plateau stretching to heights of 4,000 m. The volume of this volcanic submarine structure makes it the world's second largest oceanic plateau. Some 40 million years ago, volcanic activity that was still intense but by now more localized, continued to build up the plateau, which then emerged to form the Kerguelen Islands. Since then, volcanic activity and erosion have mingled to shape the archipelago. In the Quaternary era, i.e. 1 million years ago, despite the late formation of some massifs like Mount Ross, volcanic activity tended to disappear. Warm periods, during which vegetation grew, alternated with cold cycles in which ice covered the whole archipelago and eliminated all traces of life. Like Iceland and Hawaii, most islands lying in remote parts of the oceans are essentially volcanic. The Kerguelen Islands are no exception. The basalt flows which have settled here in a succession of layers form levels varying in thickness between a few dozen centimetres and ten metres; sometimes they cover areas of more than 10 km^2. These accumulations reach a total thickness of 1,000 m in places. The whole formation would resemble a vast and monotonous plateau, if erosion had not carved out broad and deep valleys which shape the land surface into pyramids, trapeziums and dome shapes. At the places which are the most exposed to the wind and waves, the shapes may be still more complex, resembling needles or arches. The most famous of these natural formations is the Arch of Port Christmas. It was first observed by Yves de Kerguelen de Trémarec, but its lintel has collapsed today. Another example of this natural architecture is The Monument, a more modest arch lying on the Northern flank of Western Island.

This tabular volcanic formation creates great black land masses whose monotonous colour is relieved by three factors: valleys with green slopes and beds, incrustations of lichen which is often white or light grey and rust stains which show that iron in the scoriaceous strata has oxidized. In fine weather, the lakes and wet rock walls are mirrored in attractive reflections.

Although they are in a majority, these basalt entablatures are not the only remarkable geological features. They were the places at which volcanoes (Mount Ross, Mount Wyville Thomson) were formed with their high peaks and some rocks enlivening the landscape with their very bright, near-white colour and their original shapes, i.e. thick flows, vast onion-shaped structures, needles (Doigt de Sainte-Anne, Oreilles de Chat, Le Pouce). The erosion of the volcanic part of some massifs has brought to light deep geological formations, i.e. hypo-volcanic plutonic structures whose rocks are often light in colour with big crystals which offer totally different landscapes. This is the case on Rallier du Baty Peninsula where syenites predominate over all other kinds of rock. The walker will often encounter mineral geodes, plates of rock crystal (quartz), agate or chalcedony, veritable jewels fashioned during the long volcanic construction of the Kerguelen Islands.

Other geological testimonies to the history of the archipelago are rare, but some do warrant attention such as the sediments rich in marine fossils that are found on the Prince of Wales and Ronarc'h Isthmuses or the fossil plant strata consisting of coal, lignite or silicified tree trunks; these are particularly abundant in the Northern part in the archipelago. Recently moraines estimated to be thirty million years old have yielded tree trunks which had not yet become fully fossilized; some exceed 30 cm in diameter. This discovery proves that forests may have formed during the warm periods of the quaternary era.

Colonization of the Kerguelen Islands

Fauna: exotic species

Birds are always the first sign that sailors see of an approaching landfall. Surrounded as they are by thousands of kilometres of water, the Kerguelen Islands are a godsend for these animals which come to nest or settle here definitively. They range from big soaring birds like the albatross, which nest on the cliffs, to little petrels which make their homes in burrows. Penguins form particularly dense colonies. The Kerguelen Islands are home to an abundant and varied bird life. Counts and statistics enable the bird population to be estimated at between 10 and 20 million individuals. Just under 18% of these are penguins and rock hoppers (or crested penguins). Following the hecatombs of the penguins until the early part of our century by the whalers who used them as fuel to melt the fat of the sea elephants and whales, human predation has now vanished and the once threatened population is being reconstituted very quickly.

The main groups of birds which people the archipelago are penguins and rock hoppers, albatros, petrels, cormorants, seagulls, sheathbills, skuas and a species of duck. King penguins live in colonies that may contain as many as twenty thousand pairs on the flat seashores, while the Papuan penguins colonize the grassy slopes above the sea in smaller colonies of not more than 400 pairs. The rock hoppers nest in rocky crags just out of reach of the waves. The golden penguins are the most numerous species (one million reproductive pairs) and live in colonies that are sometimes impressively large (up to 400,000 have been counted) on grassy slopes a few dozen metres above sea level. Apart from these typical flightless birds of the cold regions, the gracious flight of the giant of the air, the albatros, is a marvel to watch. The big albatros has a wingspan of as much as 2 m and was used as an aerial "taxi" by the mice in Walt Disney's film "Bernard and Bianca". The brown skua is a terrible predator. It is encountered both on the seashore and inland. This web-footed bird with a hooked bill like an eagle, a piercing eye and impressive diving flight attacks all living prey smaller than itself; nor does it disdain corpses or leftovers from human kitchens. The sheathbill, which is like a little white pigeon and highly sociable with man, is the only non-web-footed bird on the Kerguelen Islands. Lastly, we encounter the Eaton duck, often incorrectly referred to as a teal, which it resembles. This duck frequents the whole archipelago. Its sacrificial behaviour to protect its young is exceptionally moving.

Marine mammals, the sea elephants and sea lions, abound on the Kerguelen coasts. Once the prey of seal hunters, the former for their fat and the latter for their fur, their population is growing rapidly again today.

The sea elephants gather at several points along the coast in summer to reproduce and moult. From September onwards, the females with a length of around 3 m colonize some of the beaches and bays where, after eleven and a half months of gestation, they give birth to an offspring weighing between 30 and 50 kg. In late September, the males arrive. Their length reaches 6.5 m and they may weigh as much as 3 tons. They set up harems. Competition gives rise to ferocious combats whose outcome is not generally fatal. But as they pursue their enemies through the harem, the males frequently crush new born offspring and injure the females. The final victor of these assaults becomes the "pasha" and often fertilizes more than 100 females. He covers between five and fifteen females in succession. In December, most of the sea elephants go back to sea to find food. They return to land for five to six weeks between November and May depending on their age, for their annual moult before spending the rest of the year at sea again.

Sea lions live in smaller colonies than the sea elephants. Small in size, 1.5 m for the females and 1.8 m for the males, which weigh up to 165 kg, they live on the pebble or sandy beaches in little groups dominated by a male. More gracious than their big cousins, they are able to move almost as quickly as a man on land. They adopt dog-like postures, sitting up on their posterior or standing on four legs making a noise reminiscent of barking. No doubt this is why they are sometimes called sea dogs in English.

A rare, solitary and redoubtable reptile-like visitor haunts some of the rocks along the shoreline or mingles with the sea elephant harems. This is the sea leopard, a dangerous predator which attacks little sea lions, penguins and other birds that venture within its reach.

The gulfs and bays are sometimes visited by other seagoing mammals: whales, rorquals, cachalots, bottle-nosed whales, sperm-whales, pilot whales, killer whales and dolphins. The dolphins always delight us with their gambolling play when they approach the shore or vessels.

Alongside this exotic fauna, we find animals that were introduced by men as a source of food, economic benefit or by accident. Such is the case with the trout and salmon that were introduced as fry in the nineteen-fifties and abound today in many rivers. An intensive fish farm, with a cycle of feeding at sea, was successfully created in a specially built station but collapsing prices put an end to this venture. Rabbits were brought here by seal hunters in the late 19th century. They first spread out over the grassy river plains before colonizing other green areas at higher altitudes. Their many burrows destroy the soil that has taken hundreds of years to form. Rabbits cause severe damage to the land, which is particularly spectacular at some places. They are absent from few islands. Sheep have been successfully farmed here since the 50s; but they are now strictly controlled and confined to one island in the Gulf of Morbihan (Ile Longue) where a shepherd looks after them and watches over the flocks and pastures. The introduction of two couples of moufflons from Vincennes Zoo in Paris dates back to 1956. This introduction proved highly successful but brought with it a chronic lack of food on the island where these animals live, obliging the local authorities to make massive culls. Today, the stock is strictly controlled and there are around 150 animals left. The Lapland reindeer was introduced shortly before sheep. Initially confined to one island, this animal which is able to swim, reached the main island where its population is not accurately known, but must be in excess of 1,000 beasts. Rats and mice abound. The date of their introduction is unknown but no doubt coincides with the arrival of the first ships in Kerguelen. Cats were observed in the late 19th century but it would seem that the first individuals did not survive or breed permanently. However, more cats brought here as pets or to hunt the mice were introduced onto the island when the station of Port aux Français was set up in the 50s. Today, cats are to be found all over the main island, where they are a serious threat to birds, especially the petrels which live in burrows and are easy prey. There are around 15,000 cats today, a population capable of killing nearly 5 million birds and fledglings each year.

As is the case everywhere, small creatures also colonize tufts of greenery, the soil, rivers and lakes. This micro-fauna consists essentially of protists and a meiofauna, i.e. nematodes, acarids, tartigrades, molluscs (especially little snails), spiders, crustacians (copepods, cladocera and ostracoda), lombricians (worms) and insects which are generally aptera or have atrophied wings that make them flightless (collembola, thysanoptera, lepidoptera, coleoptera and diptera).

Flora: some endemic species

Much of the shoreline has been invaded by giant brown algae, the macrocystis and durvillea, solidly anchored to rocks on the seabed. These algae form an undulating drapery in the waves and currents like supple hair. Other brown, green or red algae form tufts on the clear seabeds or rocks over which the sea breaks.

On land, the vegetation is sparser. Some valley beds are carpeted with greenery which is encountered on certain plateaux at altitudes of less than 200 m. Above this level, only a few lichens survive. Contrary to the fanciful descriptions by Yves de Kerguelen, there are no trees or bushes. Wind prevents plants from growing upwards and the only vegetation to survive lies low on the ground. It consists of moss, grasses and ferns.

Although they are much more discreet than the other plants, lichens are the main plant colonizers of the islands. They are found on the beaches beaten by the waves and up to altitudes of 600 m or more. The lichen crusts form stains of different colours which may be as much as 1 m in diameter. The ramified varieties grow in small tufts just a few centimetres high. Over 150 species have been listed of which nearly 60 are endemic, in other words exist only on the Kerguelen islands where they made their appearance. There are also some fungi, but they are rare. The commonest among them are small red peziza known as "cat's ears" in our regions. Pink (agaric) mushrooms are also encountered. They grow in the vicinity of areas on which sheep are kept in summer. The mosses lack variety and only those specific to acid soils survive because calcareous or humous soils are not found here. Often, vast carpets of moss cover pockets of mud or marshes up to altitudes of 200 m. However, the solidity of these plant rafts is not sufficient to prevent walkers from sinking in, sometimes up to their shoulders. Extracting oneself from these traps is a long and fatiguing endeavour as the suction forces are very strong. Immense carpets of greenery partly cover the valley beds and the slopes up to altitudes of 50 m. Acoena, a phanerogam which seen from a distance rather resembles clover is widespread. In the spring, it flowers with small thorny balls that cling everywhere and colour the beds of the colonized valleys red. The azorella, an umbellifera, forms heavy coalescent cushions in the acoena fields and on the slopes where the water flows in little streams. The embankments and low cliffs on the seashore are often invaded by a phanerogam of tender green, cotula plumosa. This silky plant, gorged with water, is a danger underfoot to walkers because it is terribly slippery.

Apart from these widespread species, other cosmopolitan plants rise above the expanses of acoena or azorella. They include several phanerogams, cosmopolites and cryptogams, together with certain ferns and two lycopods whose fronds rise to a height of around 50 cm.

Endemic plants are few in number and becoming rare, perhaps because of the climatic variations of the last century. These are phanerogams, including two caryophyllaceae (Lyallia kerguelensis and Colobanthus kerguelensis), a ranunculus plant (ranunculus moseleyi), two graminaceous plants (poa cooki and poa kerguelensis) and the famous Kerguelen cabbage or pringlea antiscorbutica, which is a cruciferous plant. Because of the properties of this cabbage, it was eaten for therapeutic reasons by sailors who made landfall in the Kerguelens. Its high ascorbic acid content is a means of warding of scurvy, one of the illnesses most dreaded by the navy in olden times. Today, it is eaten only as a curiosity. Like the cauliflower, it should preferably be boiled in several panfuls of water to remove its bitter and sharp taste. However, it makes very good eating raw in fine slivers, in a vinaigrette sauce. Old descriptions lead one to suppose that this cabbage was widely found on Kerguelen. Today it has disappeared from all the places in which rabbits live – in other words, from almost the entire archipelago. On the other hand, on the islands, where there are no rabbits, cabbages are so abundant as to create an obstacle to walkers. The biggest of these cabbages reach a height of 1 m with a circumference of 70 cm. Their long roots stretch down several metres.

Man: a repentant predator

From the late 18th century and throughout the 19th, English-speaking seal and whale hunters prospected the Kerguelen shoreline, but kept their observations a jealously guarded secret so as to prevent competitors from benefiting; we will never know their exact catches. They did not settle on land. They lived in their ships. Whale boats were lowered into the water to prospect and hunt sea lions for their fur, penguins whose fat extracted by presses was used as a fuel, sea elephants and whales. Whale blubber was a marketable commodity. From those heroic days, all that has survived are a few vestiges of stones, the relics of shelters and a few big pots that are sometimes found part buried in the sand or mud; these were used to melt the animal fat on land to avoid the need to hoist the animals themselves on board.

In the early 20th century, whales and sea elephants were exploited on an industrial scale. In 1908, the Norwegians built Port Jeanne d'Arc in the South of the Gulf of Morbihan. Here, four dwellings were soundly constructed with foundations in basalt rock, wooden walls, iron roofs and thermal insulation that was remarkable for the time and place. A factory, boilers, a mechanical workshop, a small cattle shed, a pontoon with winches completed this settlement and gave the impression of a highly active village. The 1914–1918 war caused activity to slacken, but it resumed after the armistice only to cease permanently in 1929. Today, Port Jeanne d'Arc lies in ruins and all that is left is one of the dwelling houses which was repaired in 1977.

A second attempt at colonization was made at Port Couvreux, a little sheep farming station in the North of Grande Terre. This farm opened in 1920. Its activity was interrupted by the first world war only to resume in 1927 and close definitively in 1931.

Uncontrolled exploitation of the animal resources of the Kerguelen Islands did not bring a better knowledge of the archipelago than had already been gained by the 18th century expeditions. In the early years of the century, however, two men of great culture and with inquisitive minds dreamed of exploring these lands, writing down a description and so providing the data necessary for any subsequent scientific research. These were the brothers Henri and Raymond Rallier du Baty, who organized an expedition at their own expense in the years 1908 and 1909 with a ship that they named J.B. Charcot as a tribute to the great explorer of the Arctic seas. Quite by chance, in the course of their voyages close to the shore of the archipelago, they discovered the presence of Norwegians and the village of Port Jeanne d'Arc whose recent existence had not come to their attention previously. A second expedition, this time led by Raymond Rallier du Baty alone, took place in 1913–1914 with another vessel, La Curieuse. It was cut short by the war. However, these two expeditions provided abundant and accurate hydrographic data and information about the coasts and inland geography of the islands. Later, between 1928 and 1952, a Swiss citizen, Edgar Aubert de la Rüe, made several voyages to the Kerguelen islands, often accompanied by his wife Andrée. His geomorphological, geological, botanic and zoological studies are works of reference for all the scientists who visit the archipelago today.

In 1951, France decided to establish a permanent scientific station at a site to which access was relatively easy from the North of the Gulf of Morbihan at Port aux Français. Between 1951 and 1976, the station was constantly enlarged with the construction, year by year, of new buildings intended for scientific research. In its present configuration, Port aux Français can host around 100 persons throughout the year, half of them scientists, the others being engaged in logistics tasks. In the summer season, from December to March, i.e. when the scientific campaigns are in full swing, there are nearly 200 persons in the archipelago.

Since their discovery, the Kerguelen islands have been placed under the authority of the Government of France. Because of their remoteness from the metropolis, they were entrusted in 1924 to the Government of France in Madagascar with the essential role of managing fishing operations in the territorial waters. In 1955, when Madagascar became independent, a French Overseas Territory was created consisting of 4 districts, the Islands of Saint-Paul and Amsterdam, the Crozet Islands, the Kerguelen Archipelago and Adélie Land in Antarctica. This territory, commonly referred to us as TAAF (French Austral and Antarctic Territories) is headed by an administrator with the rank of the Prefect of an Overseas Department who is placed under the direct authority of the minister concerned. The prefect's tasks used to cover political, administrative, logistic and research duties. Today, the research function, which is the most important, has been separated off and entrusted to the French Institute for Polar Research and Technology (IFRTP).

Conclusion

At the end of the world, the Kerguelen Islands, guarded by thousands of kilometres of ocean, are exceptional lands which nobody leaves without a great sense of loss.

Following the irresponsible savagery of the seal hunters and whalers in the early years of the century, the natural environment had to be repaired and its authentic character recreated. We cannot restore these places to their pristine splendour, but we have come to understand the extraordinary wealth of this heritage. The islands are protected today. Fishing quotas have been imposed and are controlled. Animals and flora are respected.

A new balance is being established between indigenous and introduced life forms. The law of Nature must be allowed to reign supreme.

Statistics

Geographic position	Indian Ocean	48°40' / 49°40' south	
		68°30' / 70°30' east	
Distance to:	Antarctica	2,000 km	
	Australia	4,800 km	
	Africa (Cape of Good Hope)	5,000 km	
Area		7215 km²	
Length and width	Main island	140 km east–west	
		120 km north–south	
Coastal length		2800 km	
Number of islands		1 large main island	
		400 smaller islands	
		500 rocks and reefs	
Highest point	Mt. Ross	1,850 m	
Largest glacier	Cook (plateau glacier)	500 km², 1050 m high	
Geological age		40 million years	
Discovery	Y.J. de Kerguelen-Trémarec	February, 1772	
	Captain James Cook	1776	
Climatic data, measured in Port aux Français			
Precipitation		January	57 mm
(several times greater on the west coast)		July	76 mm
		Yearly average	820 mm
Temperature		January	7.1 °C
		July	1.9 °C
		Yearly average	4.4 °C
Highest wind velocity (August 1970)		288 km/h	
Average yearly wind velocity		35 km/h	
Hours of sunshine (per day)		January	6.0 h
		July	2.7 h
		Yearly average	4.4 h

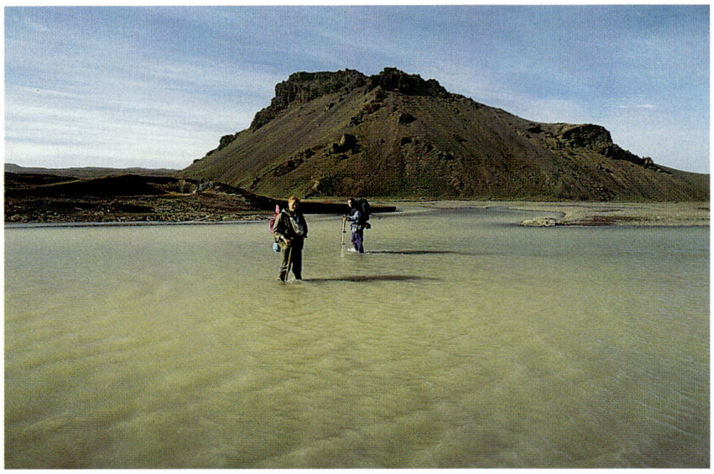

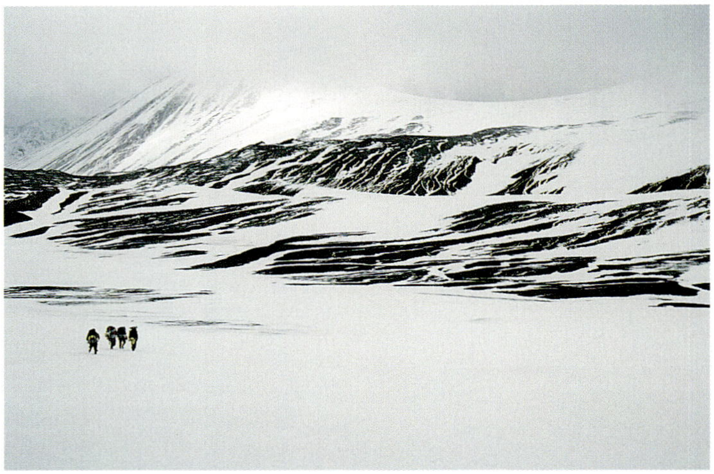

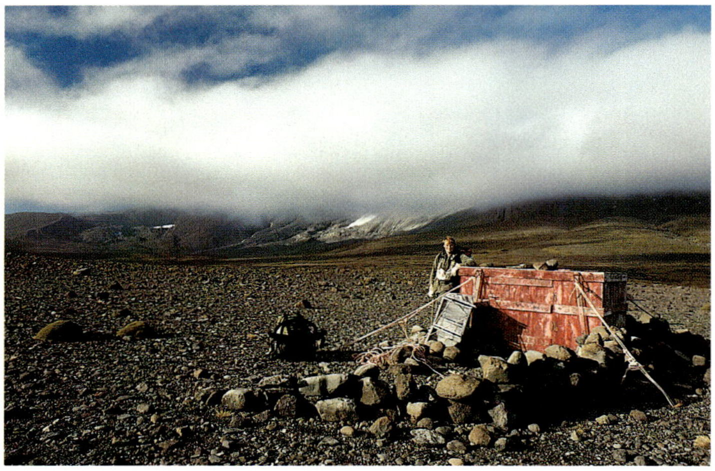

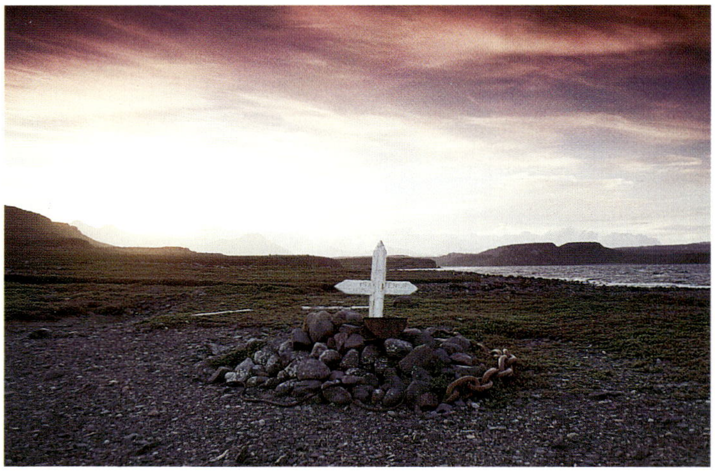

Am Ende der Welt: die Kerguelen-Inseln

von André Giret

Einführung

Die Kerguelen-Inseln liegen auf 49° südlicher Breite und 70° östlicher Länge an den Antipoden eines Punktes etwa 300 km nördlich von Montreal. Im Unterschied zu Kanada haben sie jedoch typisch ozeanische Charakterzüge. Diese Inselgruppe mitten im südlichen Indischen Ozean, nahe den an die Antarktis grenzenden Südpolarmeeren, gehört zu den am weitesten von allen Kontinenten abgelegenen. Die Entfernung bis nach Australien beträgt gut 4 800 km, bis zum Kap der Guten Hoffnung sind es 5 000 km, bis zur Antarktis 2 000 km, bis La Réunion 3 400 km, und bis Paris rund 13 000 km.

Es gibt keine regelmässige Seeverbindung zu den Kerguelen-Inseln und bislang wurde hier auch keine Flugzeuglandepiste gebaut. Die Inseln können nur auf dem Seeweg erreicht werden, und im allgemeinen schifft man sich in La Réunion ein, von wo die Reise bis zur Station Port-aux-Français bei einer Fahrgeschwindigkeit von 10 Knoten acht Tage dauert. Für die Rückfahrt braucht man wegen der Gegenwinde und -strömungen einen Tag länger. Es ist selten eine ruhige Passage, da man die Brüllenden 40er durchqueren muss, mit ihren täglichen Sturmtiefs, den heftigen Winden und einer rauhen See, deren Wellen sich oft über 10 m hoch auftürmen. Nur wenige Schiffe laufen das Inselmeer an. Das grösste ist die Marion-Dufresne, ein Ozeanographie- und Versorgungsschiff, das während des südlichen Sommers, von November bis März, zwischen La Réunion, den Saint-Paul-Inseln und der Amsterdam-Insel, den Crozet-Inseln und dem Kerguelen-Archipel verkehrt. Daneben gibt es noch französische und sowjetische Fischereischiffe, und ein Avisoschiff überwacht das Hoheitsgebiet. Von Zeit zu Zeit wagen sich kleinere Segelschiffe bis in dieses Ende der Welt vor.

Kühne Seefahrer, die mit ihren Segelschiffen allen Gefahren trotzen, entdecken Austral-Frankreich

Das 15., 16., 17. und 18. Jahrhundert war eine grosse Zeit für die Helden zur See. Im Zuge der Entdeckung von Kontinenten und vieler Inseln wurden Handelswege angelegt und an deren Verlauf zahlreiche Handelsstationen zum Warenaustausch und zur Verproviantierung der Schiffe eingerichtet. Das Abenteuer zog immer weitere Kreise, und die kühneren Seefahrer lockte die noch unbekannte südliche Hemisphäre.

Die Terra Incognita

Wer nicht von der Verlockung materieller Reichtümer, dem Wunsch nach Ruhm oder wissenschaftlichem Eifer angetrieben war, brauchte damals eine ungeheure Entschlossenheit und sehr viel Mut dazu, um sich in das südpolare Abenteuer zu stürzen. Das Schlimmste stand zu befürchten. Es gab keine Karten ausser denen, die die Verbindungshäfen mit den letzten Handelsstationen verzeichneten. Die klimatischen Bedingungen waren ungewiss, Korsaren und Piraten lauerten auf in Scharen, die Eingeborenen der neuen Länder waren oft wenig gastfreundlich, manche waren Menschenfresser. An Bord verdarben die Nahrungsmittel bald einmal, mit der Folge, dass Infektions- und Skorbut-Krankheiten die Besatzungen heimsuchte. Die Takelagen der Segelschiffe waren grossen Zerreissproben ausgesetzt. Schiffbrüche und -untergänge waren an der Tagesordnung. Doch es gab Träume, wie die Geschichte von «Robinson Crusoë» von Daniel Defoe (1719) beweist, und die hielten sich beharrlich.

Aber erst in der zweiten Hälfte des 18. Jahrhunderts brechen die seefahrenden Abenteurer zur Eroberung des südlichen Indischen Ozeans auf. Astronomen und Geographen halten an der Vorstellung fest, dass im Süden ein riesiger Kontinent existiert; einige erwähnen sogar die Zahl von 80 Millionen km^2, also fast zweimal die Oberfläche von Nord- und Südamerika zusammen. Dank dieser «Terra Incognita», die als Gegengewicht zu den Kontinenten der nördlichen Halbkugel die Erde zusammenhalte, könne sie sich im Gleichmass drehen, etwa so wie ein Metallteil, das man an der Felge befestigt, das Rad auszubalancieren hat. In den Zeitungen blühen frei erfundene Beschreibungen, die die Wissenschaftler und Politiker davon überzeugen sollen, wie dringend die Erforschung dieser unbekannten Ländereien sei. Diese Stimmungsmache wird von den gelehrten Plaudereien am Hof König Ludwigs XV. und in den Ministerkabinetten noch angeheizt. Nach den Schriften und Erzählungen sollen die unbekannten Ländereien so reich sein wie ganz Nord- und Südamerika, von freundlichen Menschen bevölkert, die der Niederlassung von Ansiedlern und dem Handel wohlgesonnen seien. Angesichts seiner angeblichen Ausdehnung muss dieser Kontinent sich über den Südpol hinaus bis zum 40. oder 50. südlichen Breitengrad erstrecken. Aus dieser Perspektive hat wohl auch zwei Jahrhunderte früher (1505) der Seefahrer Paulmier de Gonneville behauptet, ein australes Land betreten zu haben, was nie überprüft wurde und heute als sehr unwahrscheinlich gilt.

De Kerguelens erste Reise

Das Jahr 1772 ist für immer in die Annalen der Seefahrt des Indischen Ozeans eingegangen als das Jahr der zwei Expeditionen, die eine nach der andern die wichtigsten französischen Südpolarinseln entdeckten, die Crozet-Inseln und den Kerguelen-Archipel. Die erste Expedition, unter dem Kommando von Marion-Dufresne, führte von Mauritius (damals Île-de-France) nach Westen und sollte Afrika umsegeln. Die Schiffe erlitten jedoch im Sturm schwerste Beschädigungen, mussten aufgeben und trieben in den Strömungen und im Wind ab. Dieser Irrfahrt war die Entdeckung eines Teils der Crozet-Inseln zu verdanken. Nachdem die Expedition an der Apostelinsel, der Schweine-Insel und der Pinguin-Insel (der westlichen Gruppe) vorbeigesegelt war, ohne sie im Nebel zu sehen, traf sie am 25. Januar 1772 auf eine Insel der östlichen Gruppe, die zum Beweis der französischen Besitznahme Possession genannt wurde. Von da sah man in östlicher Richtung eine andere Insel, die völlig nackt erschien. Marion-Dufresne nannte sie Île Aride (dt. «Dürre Insel»), heute heisst sie Ostinsel. Für Marion-Dufresne (1729–1772) und viele seiner Männer endete die Reise in Neuseeland, wo sie von den Maori massakriert und aufgegessen wurden. Es war Crozet, der die Schiffe nach Frankreich zurückbrachte, und später wurde der Archipel nach ihm benannt.

Die zweite Expedition wird von Yves de Kerguelen de Trémarec geleitet. Louis XV. überträgt ihm im

Jahre 1771 die Mission aufgrund von allerlei Machenschaften und sehr überzeugenden Phantasiegeschichten. Er soll das Südpolarland finden, mit seinen Bewohnern Verbindung aufnehmen und den Umfang der möglichen Handelsbeziehungen abschätzen. De Kerguelen verlässt Frankreich auf der Berryer, mit 300 Mann Besatzung, in Richtung Île-de-France, dem eigentlichen Ausgangspunkt der Expedition. Die Wissenschaft steht bei dieser Expedition nicht im Vordergrund und wird nur von einem einzigen Teilnehmer vertreten, dem Abbé Rochon, einem Mathematiker, Physiker und Astronom, der im übrigen wegen Unstimmigkeiten mit dem Kommandanten in Port Louis (Île-de-France) von Bord geht und sich endgültig von der Expedition trennt. De Kerguelen übernimmt dort die zwei Schiffe, die ihn erwarten. Er selber kommandiert die Fortune, eine Flüte (ein damals gebräuchliches Avisoschiff) mit 200 Mann Besatzung und 24 Kanonen, und überträgt Saint-Allouarn das Kommando der Gros Ventre, einer kleinen Gabarre (ein Lastschiff der damaligen Zeit) mit 120 Mann Besatzung und 16 Kanonen. Die beiden Schiffe werden mit Proviant eingedeckt und stechen am 16. Januar 1772 in See. Nach einer grauenvollen Überfahrt sehen sie in östlicher Richtung Land, aber die Küste (der Halbinsel Rallier du Baty) ist unzugänglich. Mehrere Versuche, mit einer Schaluppe an Land zu gehen, schlagen fehl, bis es schliesslich einem Offizier (de Boisguehenneux oder Mengam) der Gros Ventre gelingt, mit einem Beiboot überzusetzen. Der Offizier nimmt die Insel, sowie er sie betritt, im Namen des Königs von Frankreich in Besitz. Anschliessend versuchen die Seeleute, an der Küste entlangzusegeln, aber die atmosphärischen Bedingungen sind äusserst übel. Die Schiffe verlieren die Sichtverbindung und geraten auseinander. Saint-Allouarn, der nicht länger gegen die Elemente ankämpfen kann, beschliesst, mit der Gros Ventre Kurs auf den 46. Breitengrad zu nehmen, um von dort aus die Suche nach der australen Erde wieder aufzunehmen. De Kerguelen, der nicht einmal an Land gehen konnte, steuert seinerseits die Île-de-France an, setzt die Fortune instand und kehrt nach Frankreich zurück. Dort trifft er am 27. März ein, lange bevor die Gros Ventre am 5. September die Île-de-France erreicht, wo Saint-Allouarn an einer Vergiftung stirbt. Sein Offizier Rosily führt das Schiff zurück nach Frankreich. De Kerguelen hat inzwischen in aller Eile die Mittel für eine zweite Reise beschafft. Er beschreibt Austral-Frankreich als ein dicht bevölkertes, sehr zivilisiertes Land mit einer reichen Vegetation. Eine zweite Mission wird ihm übertragen: er soll einerseits versuchen, weiter in das neue Land vorzudringen und Beziehungen mit seinen Einwohnern aufzunehmen, und andererseits der Gros Ventre beistehen, falls sie gefunden wird. Die Gros Ventre erreicht Brest im April 1773, nur wenige Tage nachdem de Kerguelen zum zweiten Mal in See gestochen ist. Ob er überhaupt aufgebrochen wäre, wenn de Rosily vorher seine eigene Beschreibung von Austral-Frankreich hätte liefern können, «einem Land, das die Rückkehr nicht lohnt»? Eine Konfrontation der beiden Männer in Versailles, in den Vorzimmern der Macht, hätte dem Lauf der Geschichte der Kerguelen-Inseln zweifellos eine andere Richtung gegeben.

De Kerguelens zweite Reise

Die zweite Reise (26. März 1773–7. September 1774) ist von Anfang bis Ende eine einzige Katastrophe. Zu den schlimmen Witterungsbedingungen kommen die schlechte Vorbereitung der Schiffe und das wenig orthodoxe Verhalten de Kerguelens, der die mitreisenden Wissenschaftler verachtet und seemannswidrig mit einer heimlich an Bord gebrachten Passagierin ein Verhältnis pflegt. Für einen Mann, der die Reise schon einmal gemacht hat und die Schwierigkeiten kennt, vollzieht sich die Abreise von Brest in einer unverständlichen Hast, mit schlecht ausgewählten Lebensmitteln, mit für die Kälte unzureichenden Kleidern und schweren, schlecht manövrierbaren Schiffen. Der Expedition gehören drei Schiffe an: die Roland, eine Flüte von 900 Tonnen, 64 Kanonen und 300 Mann Besatzung, die Oiseau, eine Fregatte, und die Dauphine, eine Korvette (kleine Fregatte). Von Brest aus segelt diese zweite Expedition um Spanien, Portugal und Afrika herum, um zur Île-de-France zu gelangen. Vor der Weiterfahrt nach Austral-Frankreich wird dort ein Proviantualt eingeplant. Aber die Besatzung ist schon leidgeprüft, bevor sie am Kap ankommt. Fieber und Skorbut gehen um. Dann werden die Schiffe in einem Sturm schwer beschädigt. Zum krönenden Abschluss verweigern die französischen Behörden de Kerguelen bei seiner Ankunft in Port Louis jede Hilfe. Ihre abweisende Haltung lässt sich durch Berichte und vertrauliche Mitteilungen der Besatzung von der Gros Ventre erklären, die lange nach der Fortune und lange nachdem jene sie auf See verlassen hatte, nach Port Louis zurückgekehrt war. Die Schiffe müssen weiter zur Bourbon-Insel, der heutigen Insel Réunion, um repariert und verproviantiert zu werden. Von dort aus stechen sie am 28. Oktober wieder in See. Zunächst nimmt die Expedition Kurs auf den 40. bis 42. südlichen Breitengrad, mit dem Ziel, die Position der von Marion-Dufresne im Vorjahr entdeckten Crozet-Inseln zu bestätigen. De Kerguelen hat jedoch wenig Vertrauen zu seinem Schiff, und das schlechte Wetter beunruhigt ihn so sehr, dass er die Mission aufgibt, die geographische Lage der Crozet-Inseln vor Ort festzustellen. Bei 49° Süd dreht er ab und steuert in gerader Richtung nach Austral-Frankreich.

Alles ist äusserst anstrengend: die Aufmerksamkeit, die das Manövrieren der Schiffe beansprucht, die Kälte, die plötzlichen Regengüsse, Schnee und Hagel, die den Segeln zusetzen, die Furcht, auf Klippen aufzufahren, Skorbut und Infektionskrankheiten, die sich unter der Besatzung ausbreiten und auch de Kerguelen nicht verschonen. Immerhin ist am 14. Dezember Land in Sicht, dieses Mal das nördliche Ende der Insel. Aber vor der Landung gerät die Expedition in eine Pechsträhne. Die Schiffe verlieren den Sichtkontakt untereinander, finden sich mit Hilfe ihrer Kanonensignale wieder, verlieren sich erneut, treffen wieder zusammen. Bei einem Landeversuch am 25. Dezember streift die Oiseau den Grund und läuft beinahe auf. Die Schiffe werden vom Schicksal verfolgt. Endlich, am 30. Januar 1772, glückt es dem Leutnant zur See de Rochegude, mit einer Schaluppe an Land zu gelangen. Er nimmt die Insel in Besitz und lässt mehrere Flaschen darauf zurück, die eine Botschaft enthalten. Die drei Schiffe treffen am 8. Januar zusammen und am 9. Januar versucht de Kerguelen die Landung, aber sein Schiff läuft dabei auf Grund. Die klimatischen Bedingungen verschlechtern sich, auf der Dauphine fehlt es an Lebensmitteln und sie muss von der Roland Proviant übernehmen. Die weiteren Landeversuche schlagen fehl. Die Mannschaften sind jetzt in einem erbärmlichen Zustand; mehrere Todesfälle und zahlreiche Kranke, darunter 120 Kaderleute, lasten schwer auf den Gemütern. Die Lebensmittel werden knapp. De Kerguelen beschliesst endlich, nach Frankreich umzukehren, ohne die Insel selber betreten zu haben. Es wird eine traurige Reise, 30 Leute sterben, 60 erkranken an Skorbut. Die Schiffe treffen am 7. September 1772 in Brest ein.

In Frankreich zirkulieren zahlreiche Gerüchte über de Kerguelen. Er wird verflucht und verleumdet. Man bezichtigt ihn der unterlassenen Hilfeleistung, weil er auf seiner ersten Reise die Gros Ventre zurückliess. Neider und Rächer treten auf; man kann ihm nicht verzeihen, dass seine beiden Expeditionen ein Vermögen verschlungen haben. Und letztlich kommt seine Liebschaft an Bord mit Louison dazu, die nicht zum Sittenkodex der frühen Regierungszeit Ludwigs XVI. passt. Kurz und gut, de Kerguelen wird einem Militärgericht vorgeführt. 1776 degradiert ihn der Kriegsrat und verurteilt ihn zu sechs Jahren Gefängnis. Dank Begnadigung wird er 1778 frühzeitig freigelassen. Doch 1781 ergreift ihn ein englischer Korsar und bringt ihn nach Irland in den Kerker. Er nutzt die erzwungene Ruhepause, um einen Bericht über seine beiden Reisen zu schreiben. Der Bericht wird nach seiner Befreiung 1782 in Frankreich veröffentlicht, aber 1783 wird das Werk zurückgezogen und eingestampft. Glücklicherweise sind einige Exemplare in den Bibliotheken erhalten geblieben. Frankreich wird in der Folgezeit von sozialen Unruhen erschüttert, und zehn Jahre später gliedern die Revolutionsführer de Kerguelen wieder in die Marine ein mit dem Rang eines Konteradmirals. Die Schreckensherrschaft holt ihn aber rasch ein, er wird erneut eingekerkert, im Dezember 1794 wieder auf freien Fuss gesetzt, um 1795 noch einmal, im gleichen Dienstgrad, in die Marine eingegliedert zu werden. 1796 wird er in den Ruhestand versetzt und am 4. März des folgenden Jahres stirbt Yves de Kerguelen de Trémarec in Paris. Er kannte die Militärkerker zweifellos besser als die Insel, die er entdeckt hatte, auf die er niemals einen Fuss setzen konnte und die bei seinem Tod noch nicht einmal seinen Namen trug.

Die Anerkennung durch James Cook

1797 unternimmt der Brite James Cook mit zwei Schiffen, der Resolution und der Discovery, eine Forschungsreise in die Südpolarmeere. Als er die Kerguelen-Insel erreicht, geht er dort am 25. Dezember 1797 in der Vogelbucht vor Anker, die ihren Namen von der Oiseau (dt. «Vogel») erhielt, dem Schiff von de Rochegude, der die Insel als erster betreten und in Besitz genommen hatte. Cook tauft seinen Ankergrund Port Christmas, zur Erinnerung an das Ankunftsdatum. Bei einem Landgang findet er die Flaschen, die de Rochegude zurückliess. Er fügt in einer der Flaschen eine Botschaft und eine Münze, die im gleichen Jahr geprägt wurde, hinzu. Die Expedition vertieft sich anschliessend in ihre hydrographischen Abklärungen und erkennt den insularen Charakter des Landes. Cook beschreibt die wahre Natur der Insel und beschönigt ihren Anblick nicht, wenn er schreibt: «Ich hätte sie Insel der Desolation (dt. «die Trostlose») genannt, wenn ich de Kerguelen nicht der Ehre hätte berauben wollen, ihr seinen Namen zu geben.» Damit wird das alte Austral-Frankreich zur Kerguelen-Insel und erhält den Namen jenes Mannes mit der Familienmaxime «Schonungslos ehrlich zu jeder Zeit». Cook verlässt die Südpolarmeere 1777 und stirbt zwei Jahre später auf Hawaii, massakriert von den Eingeborenen.

Exo-Endoskopie der Kerguelen-Inseln

Das Klima: nichts als Wind und Nässe!

Zu den prägendsten Eindrücken, die man von den Kerguelen-Inseln mitnimmt, gehört ohne Zweifel das Klima. Der insulare Charakter wird am ozeanischen Einfluss deutlich, der die Temperaturunterschiede zwischen den Jahreszeiten in Grenzen hält. Das Thermometer fällt im Winter auf Meereshöhe selten unter −10 °C und steigt im Sommer nur ausnahmsweise über 12 °C. Die Temperaturen sind kühl, der Jahresdurchschnitt liegt bei 4 °C. Von den extremen polaren Verhältnissen ist man also weit entfernt. Der Wind kann allerdings sehr beachtliche Temperatureinbrüche verursachen. Von Westen nahende Tiefdruckzonen, die manchmal dicht hintereinander folgen, können die Windrichtung urplötzlich drehen und Regen, Schnee oder Graupel bringen, sich für einige Minuten oder Stunden beruhigen und dann unvermittelt mit doppelter Gewalt wieder losbrechen. Die Daten der Meteorologen von Port-aux-Français, einem der geschütztesten Orte des Archipels, illustrieren diese Wetterlaunen eindrucksvoll. Über das ganze Jahr gemessen beträgt die durchschnittliche Windstärke 35 km/h, mit Spitzengeschwindigkeiten von über 200 km/h. Stürme (mit über 85 km/h Windgeschwindigkeit) treten an durchschnittlich 150 Tagen im Jahr auf und Orkane (mit über 120 km/h) an 41 Tagen. Wo sich Täler zu Schluchten verengen, in die der Wind mit grosser Wucht einfallen kann, werden diese Windgeschwindigkeiten manchmal noch weit überschritten. Ein Wanderer, auch wenn er von einem gewichtigen Rucksack beschwert ist, kann von Windböen erfasst mehrere Meter weit fortgeschleudert werden. Die Abfolge von Depressionen und der heftige, oft von Regenfällen begleitete Wind verleiten gern zum Eindruck, dass es auf der Insel andauernd oder doch fast andauernd regnet. Es regnet jedoch mit Unterbrechungen und der Regen wird oft überschätzt. Ein Zahlenvergleich mit anderen Ländern zeigt, dass die Niederschlagsmenge auf den Kerguelen-Inseln im gemässigten Bereich liegt, mit einem Jahresdurchschnitt von 820 mm gegenüber 620 mm in Frankreich oder 1100 mm in der Schweiz.

Das heutige Klima, so wenig verlockend es sein mag, darf offenbar mit dem Klima, das de Kerguelen de Trémarec und Cook im 18. Jahrhundert vorfanden, nicht verglichen werden. In Europa waren übrigens zur damaligen Zeit, die auch als Kleine Eiszeit bezeichnet wird, die Alpenpässe vereist, und die Baltische See war zugefroren und konnte zu Fuss überquert werden. Heute frieren die Takelagen der Schiffe nicht mehr ein, wie das vor 200 Jahren der Fall war, ausser wenn sie sich der Antarktis nähern. Eisbergen, selbst kleinen, begegnet man auf der Höhe des Archipels nur noch selten. Aber eine der beeindruckendsten Begleiterscheinungen der gegenwärtigen Klimaerwärmung ist das Schmelzen der Gletscher, das seit etwa 30 Jahren zu beobachten ist. Einige sind um mehr als einen Kilometer zurückgegangen. Andere, die früher im Meer endeten, lassen jetzt an der Küste einen breiten Durchgang offen. Die zurückbleibenden Moränenwälle werden von den Wellen rasch aufgezehrt. Mehrere Pässe, die in den sechziger Jahren vereist waren und nicht überquert werden konnten, sind jetzt frei und öffnen neue Durchgangswege. Die beiden basaltschwarzen Gipfel des Mont Ross, dessen höchster Punkt 1850 m ü.M. erreicht, liegen immer häufiger blank, statt wie bis vor etwa 20 Jahren unter einer Schneehaube zu stecken. Manche sumpfige Zonen auf mittlerer Höhe (300–500 m ü.M.) trocknen seit einigen Jahren im Sommer vorübergehend ab und veranschaulichen ebenfalls die Folgen steigender Temperaturen und sinkender Niederschläge. Dennoch wäre es verfrüht, aus dieser Entwicklung auf die Zukunft zu schliessen. Man beobachtet diese Veränderungen erst seit etwa 30 Jahren. Für das Klima, dessen Zyklen 10 000 bis 100 000 Jahre umfassen, entspricht dieser Beobachtungszeitraum bloss einer Woche oder einem Monat in einem Menschenleben.

Geographie: das allgegenwärtige Meer

Vom Rendez-vous-Inselchen am nördlichsten Punkt bis zur Boynes-Insel am südlichen Ende sind es 170 km. Die grosse Insel misst 150 km von Osten nach Westen und 120 km von Norden bis Süden. Die Gesamtfläche des Archipels beträgt 7 215 km^2 und ist damit annähernd so gross wie Korsika (8 680 km^2). Mit 2 800 km Küstenlänge halten die Kerguelen-Inseln den Weltrekord in der Küstenzerklüftung. Dies wird auch daraus ersichtlich, dass kein Punkt auf den Inseln weiter als 20 km vom Meer entfernt ist. Aus der Vogelschau präsentiert sich die Inselwelt wie ein Stück Festonspitze aus wellengesäumten Kaps und aus Fjorden, in die das Meer eindringt.

Die Hauptinsel ist ein Gebilde aus vier Ausläufern von 500 bis 1000 km^2, die mit einem Mittelteil verbunden sind, den Halbinseln Loranchet im Norden, Rallier du Baty im Südwesten, Galliéni im Süden und Courbet im Osten. Andere, kleinere Gruppierungen sind mit der Hauptinsel nur durch sehr schmale Isthmen verbunden, wie die Halbinseln Prince-de-Galles, Ronarc'h und Jeanne d'Arc im Südosten. Diese Vorgebirge begrenzen den Golf von Morbihan, eine Wasserfläche von 700 km^2, die sich nach Osten öffnet und von etwa 50 Inseln und Inselchen von höchstens 200 m Höhe unterbrochen ist. Die Inseln des Archipels sind sehr verschieden gross. Mit etwa 200 km^2 führt die Insel Foch den Reigen an, vier weitere sind zwischen 30 und 80 km^2 gross und etwa zehn messen zwischen 5 und 10 km^2. Insgesamt zählt der Archipel etwa 400 Inseln und Inselchen, und dazu kommen an die 500 Klippen, die gefürchteten Feinde der Schiffe, die in der brandenden Gischt lauern. Der Kerguelen-Archipel ist extrem zerklüftet, was die Navigation schwierig und manchmal gefahrvoll macht. Viele Punkte sind ohnehin nur mit dem Helikopter erreichbar. Die Küsten sind im allgemeinen steinig und von Felswänden gesäumt, die oft mehr als 200 m aus dem Meer aufragen, an einigen Stellen um 600 m

(Pointe de Tromelin und Kap Marigny) oder sogar um 800 m wie in der Baie Sauvage (dt. «wilde Bucht») und in der Baie des Licornes (dt. «Bucht der Narwale» oder «Bucht der Einhörner»*) an der Westküste. Nach Osten hin, wo die Küsten weniger hoch aufsteigen und häufiger als in anderen Teilen sandig sind, mildert sich das Bild, doch Strände gibt es nur an wenigen Stellen. Der grösste ist der Ratmanoff-Strand (4 km). Die anderen liegen vom offenen Meer geschützt in der Tiefe von Buchten und Fjorden.

Die durchschnittliche Höhe des Archipels beträgt 300 m, aber diese Zahl sagt wenig aus. Man muss sich die Inseln als weite Tafellandschaften von 400 bis 600 m Höhe vorstellen, von tiefen vergletscherten Tälern mit Steilhängen durchzogen, deren flache Sohlen rasch zu Meereshöhe abfallen. Alte Vulkangipfel überragen die Hochebenen. Der höchste Punkt des Archipels ist die Spitze des Mont Ross (1852 m) auf der Halbinsel Galliéni. Einige weitere Gipfel, die um etwa 1000 m in die Höhe reichen, sind über den Archipel verstreut, so der Mont Crozier (979 m) auf der Courbet-Halbinsel, der Mont Wyville Thomson (937 m) auf der Halbinsel Ronarc'h, auf der Halbinsel der Société de Géographie (dt. «Geographie-Gesellschaft») der Mont Pieri (947 m), ein wenig weiter südlich der Pic Guynemer (1088 m), und schliesslich die Deux Frères (dt. «die beiden Brüder») (949 m) auf der Halbinsel Rallier du Baty.

Während der ganze Archipel in der ferneren Vergangenheit von Eis bedeckt war und die Gletscher alle bis an die Küste reichten und Eisberge kalbten, die dann davonschwammen, ist heute nur noch eine einzige grössere Eiskappe erhalten, auf dem Cook im Westen der Hauptinsel. Diese riesige Eismasse, die eine Fläche von 500 km^2 bedeckt, läuft in 23 Gletscherzungen aus, von denen einige an der Westküste noch bis ans Meer reichen, während diejenigen im Osten 100 bis 150 m vor der Küste enden. Andere Eisfelder schrumpfen und verschwinden allmählich. So auf dem Mont Ross, an dessen Flanken neun mehr oder weniger voneinander getrennte Gletscher haften. Die Rückbildung der Eisfelder hat zur Bildung zahlreicher Seen an den Enden der Gletscherzungen geführt, die die Täler überfluten, so der Entr'Aigues-See (9 km^2), der Bontemps-See (7 km^2) und der Hermance-See (6 km^2). Der grösste des Kerguelen-Archipels ist der Marville-See (25 km^2) im nordöstlichen Unterland der Halbinsel Courbet, einer vom Meer nur durch eine Sandbank getrennten Lagune.

Geologie: Kerguelen, die älteste ozeanische Insel der Welt

Vor 250 Millionen Jahren, als Afrika, Indien, Australien und die Antarktis noch in einem Superkontinent der südlichen Hemisphäre (dem Gondwana) vereint waren, begann Südamerika, das bis dahin ebenfalls ein Teil davon war, sich im Zuge plattentektonischer Vorgänge abzulösen. Vor 120 Millionen Jahren führten grosse Verschiebungen zur sukzessiven Abwanderung von Afrika, Indien und schliesslich von Australien. Zunächst bildeten sich drei Haupterdteile oder -platten, die an einem Punkt aneinanderstiessen. An diesem Punkt (im südlichen Indischen Ozean) entströmten dem Erdmantel grosse Mengen flüssiger Lava, ergossen sich auf den ozeanischen Grund und warfen unter dem Meeresspiegel ein weites Plateau auf, dessen vertikale Ausdehnung 4000 m erreichte. Das Volumen dieser vulkanischen Masse unter der Wasseroberfläche machte sie zur zweitgrössten ozeanischen Unterwasser-Hochebene der Erde. Vor etwa 40 Millionen Jahren war die vulkanische Tätigkeit immer noch stark, aber örtlich schon enger begrenzt und liess die Hochebene weiter anwachsen, bis sie schliesslich aus dem Ozean auftauchte und die Kerguelen-Insel bildete. Vulkanische Tätigkeit und Erosion arbeiten seither unaufhörlich an der Ausformung des Archipels. Seit Beginn des Quartärs, das heisst seit einer Million Jahren, hat die Vulkantätigkeit zwar noch einige Massive aufgeworfen, wie etwa den Mont Ross, doch neigt sie zum Erlöschen. Seither wechseln sich warme Perioden, während denen sich eine Vegetation entwickelt, mit kalten Perioden oder Eiszeiten ab, in denen der gesamte Archipel eisbedeckt ist und jede Spur von Leben verschwindet.

Die meisten in den Ozeanen verstreuten Inseln, wie Island und Hawaii, sind vulkanischen Ursprungs. Der Kerguelen-Archipel macht darin keine Ausnahme. Die wie ein Blätterteig lagenweise erstarrten Basaltströme formen Schichten von je einigen -zig Zentimetern bis etwa 10 m Dicke und können sich auf den Inseln über mehr als 10 km^2 ausdehnen. Die Ablagerungen erreichen dort teilweise eine Mächtigkeit von bis zu 1000 m. Würden sie nicht von der Erosion verändert, die breite und tiefe Täler hineinschneidet und ein Relief von Pyramiden, Trapezen und Domen herausschält, so müsste man sie sich als weite, monotone Tafellandschaften vorstellen. Dort, wo Wind und Wellen ihnen am meisten zusetzen, können die eigenartigsten Formen entstehen, etwa Nadeln oder Brückenbogen. Das berühmteste dieser natürlichen Kunstwerke auf dem Kerguelen-Archipel ist der Bogen von Port Christmas, den Yves de Kerguelen de Trémarec als erster entdeckt hat, dessen Gewölbe jedoch inzwischen eingestürzt ist. Ein anderer Zeuge dieser Natur-Architektur, ein kleinerer Bogen als der von Port Christmas im Norden der Westinsel, wird einfach «das Monument» genannt.

Die chromatische Monotonie der grossen, schwarzen Tafeln, aus denen diese vulkanischen Landschaften aufgeschichtet sind, wird von steilen Tälern und grünen Talgründen unterbrochen und von den oft weissen oder hellgrauen Flechten, die sie überwuchern, oder von den Rostflecken oxidierender Eisenablagerungen in den Schlacken. Bei schönem Wetter beleben die spiegelnden Wasseroberflächen der Seen und der feuchten Wände die Szenerie mit reizvollen Reflexen.

Die Basalttafeln sind zwar die vorherrschenden, aber nicht die einzigen bemerkenswerten geologischen Formationen des Archipels. Sie bildeten den Unterbau der hohen Vulkankegel (Mont Ross, Mont Wyville, Thomson), von denen manche mit ihrer sehr hellen, manchmal fast weissen Färbung und ihren eigenartigen Formen – dick erstarrte Magmaströme, ausgedehnte Zwiebelstrukturen, Nadeln («Finger der heiligen Anna», «Katzenohren», «Daumen») – die Landschaft auflockern. Die Erosion hat innerhalb des vulkanischen Gesteins einiger Massive tieferliegende geologische Schichten freigelegt, hypovulkanische Plutonschichten, deren oft helles Gestein mit seinen grossen Kristallen der

Landschaft völlig andere Züge verleiht, wie z.B. auf der Halbinsel Rallier du Baty, wo Syenite die meistverbreiteten Gesteine sind.

Häufig findet der Wanderer unterwegs auch mineralische Geoden, Bergkristall-Platten (Quarze), Achate oder auch Chalzedone, echte Edelsteine, die im Laufe der langen vulkanischen Geschichte der Kerguelen-Inseln entstanden sind.

Andere geologische Zeugen der Vergangenheit des Archipels sind selten, aber teilweise sehr interessant, wie etwa die meeresfossilienreichen Sedimente auf den Halbinseln Prince-de-Galles und Ronarc'h oder die Lagen mit fossilen Pflanzen, Kohle, Braunkohleflösse oder Lagen mit silifizierten Baumstämmen, die im Norden des Archipels gehäuft vorkommen. In letzter Zeit wurden noch unvollständig versteinerte Baumstämme von teilweise über 30 cm Durchmesser in Moränen gefunden, deren Alter auf rund 30 000 Jahre geschätzt wird. Dies beweist, dass sich während der warmen Perioden des Quartärs Wälder entwickeln konnten.

Die Kolonisierung der Kerguelen-Inseln

Exotische Fauna

Vögel sind für den Seemann immer die ersten Vorboten einer nahenden Küste. Die Tausende von Kilometern vom nächsten Festland entfernten Kerguelen-Inseln sind für diese Tiere, die sich für eine Brutzeit oder für immer auf dem Archipel niederlassen, ein Glücksfall. Von den grossen Seglern wie den Albatrossen, die ihre Nester in Felswänden bauen, bis zu den kleinsten, in Erdlöchern nistenden Sturmvögeln, über die in grossen Kolonien lebenden Pinguine, beherbergen die Kerguelen-Inseln eine vielfältige und umfangreiche gefiederte Fauna. Aufgrund von Zählungen und Statistiken schätzt man die Vogelpopulation auf 10 bis 20 Millionen Tiere. Fast 18% sind Pinguine und Schopfpinguine. Bis zu Beginn dieses Jahrhunderts fielen massenhaft Pinguine den Walfängern zum Opfer, die sie als Brennstoff verwendeten, um den Tran erlegter See-Elefanten und Walfische auszulassen, doch seither wird die ehemals bedrohte Population von den Menschen nicht mehr behelligt und erholt sich sehr rasch.

Die grössten Vogelpopulationen auf dem Archipel bilden Pinguine und Schopfpinguine, Albatrosse, Sturmvögel, Kormorane, Seemöwen, Scheidenschnäbel, Raubmöwen und eine Entenart.

Die Königspinguine leben in Kolonien von bis zu 20 000 Paaren auf den Flachküsten, während Eselspinguine in kleineren Kolonien (mit höchstens 400 Pärchen) in den grasreichen Hängen über dem Meer nisten. Die Felsenpinguine nisten am Meeresufer, in Felshöhlen knapp über den Wellen. Die (mit 1 Million fortpflanzungsfähiger Pärchen) grösste Gruppe der Goldschopfpinguine lebt in oft beeindruckenden Kolonien von bis zu 400 000 Tieren an grasreichen Hängen einige Dutzend Meter über dem Meer. Neben diesen für die kalten Regionen charakteristischen, nicht flugtüchtigen Vögeln fasziniert der graziöse Flug der riesigen Albatrosse besonders. Der «Grosse Albatros», dessen Flügelspannweite 2 m erreichen kann, diente den Mäusen «Bernard und Bianca» von Walt Disney als Taxi. Die braune Raubmöwe, ein schreckerregender Raubvogel, ist an der Küste wie im Landesinnern anzutreffen. Dieser palmipede Vogel, mit Adler-Bogennase, durchdringendem Blick und beeindruckender Sturzflugtechnik, greift alle lebenden Beutetiere an, die kleiner sind als er, und verschmäht auch Aas oder Küchenabfälle von menschlichen Siedlungen nicht. Der Scheidenschnabel, der einer kleinen weissen Taube ähnelt, der einzige Vogel der Kerguelen ohne Schwimmhäute, ist Menschen gegenüber sehr zutraulich. Nun bleibt noch die auf dem ganzen Archipel heimische Eaton-Ente zu erwähnen, die fälschlich auch Knäkente genannt wird, da sie jener gleicht. Ihre Bereitschaft, sich für ihre bedrohten Jungen zu opfern, gehört ins ergreifendste Kapitel der Tierwelt.

In den Küstengewässern der Kerguelen-Inseln leben zahlreiche Meeressäuger, vor allem See-Elefanten und Ohrenrobben. Während früher die einen wegen ihres Fettes und die andern wegen ihres Pelzkleides von Robbenfängern gejagt wurden, nimmt ihre Population heute sehr rasch wieder zu.

Die See-Elefanten sammeln sich im Sommer an mehreren Orten der Küste, um sich fortzupflanzen und um sich zu häuten. Vom September an lassen sich die etwa 3 m langen Weibchen an bestimmten Stränden oder in Buchten nieder und werfen nach elfeinhalb Monaten Tragezeit ein 30 bis 50 kg schweres Jungtier. Ende September gesellen sich die Männchen hinzu, die bis zu 6,5 m lang und 3 Tonnen schwer werden, um ihre Harems zu bilden. Die Konkurrenz unter ihnen führt zu wilden Kämpfen, die aber im allgemeinen nicht tödlich ausgehen. Andererseits kommt es oft vor, dass Männchen, die ihre Feinde quer durch ihren Harem verfolgen, neugeborene Jungtiere umwalzen und Weibchen verletzen. Der finale Gewinner aller Konkurrenzkämpfe wird «Pascha» und befruchtet alle seine Weibchen, manchmal mehr als hundert an der Zahl, indem er jeweils fünf bis fünfzehn Weibchen nacheinander bespringt. Im Dezember kehren die meisten See-Elefanten ins Meer zurück, um Nahrung aufzunehmen. Je nach Alter gehen sie zwischen November und Mai für die jährliche Häutung etwa für 5 bis 6 Wochen an Land, um danach wieder ins Meer einzutauchen, wo sie den Rest des Jahres verbringen.

Die Ohrenrobben leben in kleineren Kolonien als die See-Elefanten. Sie sind zierlicher, die Weibchen werden etwa 1,50 m lang und die Männchen bis ungefähr 1,80 m lang und 165 kg schwer. Sie leben an Kiesel- oder Sandstränden, in kleinen Gruppen, denen jeweils ein Männchen vorsteht. Sie bewegen sich anmutiger als ihre schwergewichtigen Verwandten und kommen an Land fast so schnell von der Stelle wie der Mensch. Oft verhalten sie sich ähnlich wie Hunde, zum Beispiel in der Art, wie sie auf ihrem Hinterteil sitzen oder auf ihren vier Pfoten stehen und ein Geheul von sich geben, das an Hundegebell erinnert. Zweifellos hat es mit dieser Ähnlichkeit zu tun, wenn die Engländer sie Seehunde nennen (engl. «sea-dogs»).

Ein seltener, einsamer und furchterregender Besucher mit reptilienartig schleichendem Gang spukt in felsigen Küstenabschnitten der Inseln herum und sucht zuweilen die See-Elefanten-Harems heim: der Meer-Leopard, ein furchterregendes Raubtier, das kleine See-Elefanten, Manchot-Pinguine und andere Vögel reisst, die sich zu nahe an ihn heranwagen.

Die Golfe und Buchten werden manchmal von anderen, ausschliesslich im Meer lebenden Säugern besucht, den Walen: da mögen sich Bartenwale, Finnwale, Pottwale, Zahnwale, Schnabelwale, Grindwale, Schwertwale und Delphine einfinden. Die Delphine bieten mit ihren ausgelassenen Spielen immer eine genussreiche Darbietung, wenn sie sich am Ufer oder in der Nähe eines Schiffes produzieren.

Zu dieser exotischen Fauna gesellen sich schliesslich noch Tiere, die vom Menschen aus Gründen der Ernährung, der Wirtschaft oder zufällig eingeführt wurden. Dies trifft auf Forellen und Salme zu, die seit den 50er Jahren als Fischbrut auf die Inseln gebracht wurden und die heute in vielen Flüssen heimisch sind. Eine intensive Aufzucht, mit Ernährungszyklus im Meer, wurde übrigens erfolgreich in einer Station betrieben, die man zu diesem Zweck errichtet hatte, aber aufgrund des Kurszerfalls wurde dieser Bewirtschaftungsversuch wieder eingestellt.

Die Robbenfänger brachten ab dem ausgehenden 19. Jahrhundert Kaninchen auf die Inseln, die sich zuerst in den grünen Flussebenen rasch vermehrten und später auch in andere grüne Zonen in höheren Lagen vordrangen. Die vielen unterirdischen Gänge, die diese Kaninchen ausheben, zerstören die Böden, deren Bildung mehrere Jahrhunderte gebraucht hat, und sie sind für eine beunruhigende, an einigen Stellen bedrohliche Bodenverschlechterung verantwortlich. Nur auf wenigen Inseln gibt es keine Kaninchen. Seit den 50er Jahren wird erfolgreich Schafzucht betrieben. Die Schafe werden derzeit auf einer Insel des Golfs von Morbihan (der Langen Insel) strikt unter Kontrolle gehalten; ein Schafhirt kümmert sich um sie und wacht über den Tierbestand und die Weiden. 1956 wurden zwei Moufflon-Pärchen aus dem Zoo von Vincennes (Paris) auf die Inseln gebracht, mit durchschlagendem Erfolg, der aber eine Kehrseite hat: auf der Insel, auf der die Moufflons angesiedelt wurden, herrscht seither chronischer Futtermangel. Die Lokalbehörden sind daher gezwungen, den Bestand durch Schlachtungen zu regulieren. Gegenwärtig ist er mit 150 Tieren gut unter Kontrolle. Kurze Zeit vor den Schafen wurden Rentiere aus Lappland importiert. Die ersten wurden auf einer Insel ausgesetzt, doch diese Tiere, die schwimmen können, erreichten die Hauptinsel, auf der ihre wenig erforschte Population inzwischen die Zahl von tausend Stück überschritten haben muss. Ratten und Mäuse gibt es reichlich, das Datum ihrer Einführung ist unbekannt, dürfte aber mit der Ankunft der ersten Schiffe auf dem Kerguelen-Archipel zusammenfallen. Ende des 19. Jahrhunderts gab es Katzen auf dem Archipel, doch scheint es, dass die ersten nicht lange überlebten und sich nicht vermehren konnten. Als in den 50er Jahren die Station Port-aux-Français eingerichtet wurde, kamen jedoch neue Katzen als angenehme und nützliche (mäusefangende) Gesellschaft der Menschen auf die Insel. Heute findet man überall auf der grossen Insel Katzen, wo sie für die Vögel eine echte Gefahr darstellen, vor allem für die Sturmvögel, die in Erdhöhlen leben und zur leichten Beute werden. Insgesamt dürften heute etwa 15 000 Katzen auf dem Archipel leben, eine Zahl, die pro Jahr fast 5 Millionen Vögel und Vögelchen töten kann.

Wie überall gibt es auch hier fast unsichtbare Kleinstlebewesen im Pflanzengestrüpp, im Erdreich, in Flüssen und Seen. Es handelt sich um eine Mikrofauna hauptsächlich von Protisten und eine Meiofauna mit Nematoden, Milben, Bärtierchen,

Weichtieren (vor allem kleinen Schnecken), Spinnen, Krustentieren (Copepoda, Cladocera und Ostracoda), Würmern und Insekten, vor allem flügellosen oder solchen mit atrophischen Flügeln, die fluguntauglich sind (Collembola, Thysanoptera, Lepidoptera, Coleoptera, Diptera).

Flora: einige endemische Arten

Ein grosser Teil der Küsten ist üppig mit braunen Riesenalgen bewachsen, den Macrocystis und den Durvillea, die fest auf den Felsen auf dem Meeresgrund sitzen. Wie feine Haarbüschel drapiert wogen diese Algen in den Wellen und in der Strömung. Andere Algen, braune, grüne oder rote, hängen in Büscheln am hellen Meeresboden oder an den wellenumbrandeten Klippen.

Auf dem Land ist die Vegetation spärlicher. Einige Talböden sind mit grünen Teppichen bedeckt, die man auch auf manchen Plateaus bis auf 200 m Höhe findet. Weiter oben gibt es nur noch einige Flechten. Im Gegensatz zu den Phantasiebeschreibungen von Yves de Kerguelen existieren weder Bäume noch Sträucher. Da der Wind es den Pflanzen unmöglich macht, in die Höhe zu wachsen, gedeihen nur ganz flache Formen, vor allem Moose, Gräser und Farne. Die Flechten sind zwar viel unscheinbarer als die anderen Pflanzen, doch sind sie die verbreitetsten Ansiedler der Inseln. Man findet sie von den wellengepeitschten Ufern bis hinauf auf 600 m Höhe und noch höher. Es gibt wuchernde Flechten in verschiedenen Farben, die einen Durchmesser von bis zu 1 m erreichen können. Die verästelten Formen wachsen in kleinen Büscheln von wenigen Zentimetern Höhe. Mehr als 150 Sorten wurden inventarisiert.

Etwa 60 davon sind einheimisch, das heisst, sie stammen von den Kerguelen-Inseln und kommen nur hier vor. Auch Pilze findet man auf den Inseln, aber sie sind selten. Am häufigsten sind die kleinen Roten Becherlinge, die bei uns «Katzenohren» heissen, und die Wiesenchampignons (Agariceae), die in Umgebungen wachsen, wo Schafe weiden oder weideten. Es kommen nur wenige, auf saurem Boden gedeihende Moosarten vor, denn kalkhaltige und alkalische Humusböden fehlen. Oft sind Schlammlöcher und Moore bis in Höhen von 200 m ü.M. von grossen Moosteppichen gänzlich überwachsen. Die Pflanzendecken sind allerdings nicht sehr tragfähig und ein Wanderer kann darin bis zu den Schultern einsinken. Sich aus eigener Kraft aus einer solchen Falle zu befreien ist eine langwierige und erschöpfende Angelegenheit, da sehr starke Saugkräfte zu überwinden sind.

Riesige Grünteppiche bedecken zum Teil die Talgründe und die Hänge bis auf ungefähr 50 m ü.M. Die Acœna, eine aus der Entfernung ein wenig an Klee erinnernde Phanerogame (Samenpflanze), ist sehr stark verbreitet. Im Frühling färben ihre Blüten in der Form stacheliger Kügelchen, die überall anhaften, die bewachsenen Täler rot ein. Die Azorella, ein Doldenblütler, bildet schwere, verwachsene Kissen in den Acœna-Wiesen und an wassergetränkten Hängen. Die Böschungen und Klippen entlang der Küste sind oft von zartgrünen Phanerogamen der Spezies Cotula plumosa überwuchert. Diese seidige Pflanze enthält sehr viel Wasser und stellt für den Wanderer, der seinen Fuss darauf setzt, eine echte Gefahr dar, weil sie entsetzlich glitschig ist. Nebst diesen stark verbreiteten Spezies wachsen noch andere Kosmopoliten (über die ganze Erde verbreitete Arten) oberhalb der Acœna- und Azorella-Wiesen, nämlich verschiedene Phanerogamen, Kosmopoliten und Kryptogamen (Sporenpflanzen) wie einige Farne und zwei Bärlapp-Pflanzen, deren Schäfte bis um 50 cm hoch werden.

Es gibt nur sehr wenige einheimische Pflanzen und sie werden – vielleicht wegen der Klimaveränderung des letzten Jahrhunderts – noch weniger. Es handelt sich vor allem um Phanerogamen, unter denen man zwei Caryophyllaceae (Lyallia kerguelensis und Colobanthus kerguelensis) unterscheidet, eine Ranunkelart (Ranunculus Moseleyi), zwei grasartige Pflanzen (Poa Cooki und Poa kerguelensis) und den berühmten Kerguelen-Kohl, Pringlea antiscorbutica, ein Kreuzblütler. Aufgrund seiner Eigenschaften wurde dieser Kohl von den Seeleuten, die auf den Inseln zwischenlandeten, zu therapeutischen Zwecken verzehrt. Tatsächlich ist er wegen seines hohen Ascorbinsäuregehalts ein Mittel gegen Skorbut, eine der meistgefürchteten Krankheiten früherer Seefahrer. Heute wird er nur noch aus Neugier gekostet. Wie beim Blumenkohl empfiehlt es sich, während des Kochens mehrmals das Wasser zu wechseln, damit er seine Schärfe und Bitterkeit verliert. Er schmeckt jedoch roh sehr gut, in hauchfeine Scheiben geschnitten, an einer Vinaigrette. Alte Beschreibungen erwecken den Eindruck, dass dieser Kohl früher auf den Inseln sehr verbreitet war. Heutzutage ist er überall dort verschwunden, wo es Kaninchen gibt, das heisst fast auf dem ganzen Archipel. Auf den Inseln ohne Kaninchen wachsen die Kohlköpfe dagegen in solcher Fülle, dass sie den Wanderer regelrecht behindern. Die grössten Köpfe können 1 m Höhe und einen Durchmesser von 70 cm erreichen, mit Wurzeln von mehreren Metern Länge.

Der Mensch: reumütiger Zerstörer

Seit dem ausgehenden 18. Jahrhundert und während des ganzen 19. Jahrhunderts kundschaften anglo-sächsische Robben- und Walfänger die Küsten der Kerguelen-Inseln aus, behalten ihre Erkenntnisse aber eifersüchtig für sich, damit die Konkurrenz nicht davon profitiert. Bis heute weiss niemand, wie zuverlässig die von ihnen erhobenen Daten sind. Sie lassen sich an Land nicht dauerhaft nieder. Ihre Wohnung behalten sie auf den Schiffen. Walfangboote werden zu Wasser gelassen, um die Gegend zu erkunden und Pelzrobben zu jagen und Pinguine, deren Fett mit Pressen extrahiert und als Brennstoff verwendet wird, und schliesslich See-Elefanten und Wale, deren Fett verkauft wird. Aus diesen heroischen Zeiten sind nur einige steinerne Überreste erhalten geblieben, Relikte von Notunterständen, einige grosse, halb im Sand oder im Dreck eingesunkene Kochtöpfe, die damals an Land benutzt wurden, um Fett einzuschmelzen, damit die Tiere nicht an Bord zurückgebracht werden mussten.

Zu Beginn des 20. Jahrhunderts nimmt die Verwertung von Walen und See-Elefanten industrielle Ausmasse an. 1908 erbauen Norweger Port Jeanne-d'Arc im Süden des Golfes von Morbihan: vier sorgfältig ausgeführte Wohngebäude mit Basaltbruchstein-Fundamenten, Holzwänden, Blechdächern und einer für die Zeit und den Ort bemerkenswerten thermischen Isolation. Zusammen mit einer Fabrik, mehreren Warmwasser-Heizkesseln, einem Maschinen-Atelier, einem kleinen Stall und einem Ponton mit Lastaufzügen bildeten sie ein kleines Dorf, das ein Bild voller Leben abgab. Der Krieg 1914–1918 dämpfte jedoch die Aktivitäten, die nach dem Waffenstillstand noch einmal aufflammten, bevor sie 1929 endgültig eingestellt wurden. Heute besteht Port Jeanne d'Arc nur noch aus Ruinen, und nur ein einziges Wohngebäude, das 1977 instand gesetzt wurde, steht noch.

Ein zweiter Kolonisierungsversuch fand in Port Couvreux statt, einer kleinen Schafzuchtstation im Norden der Grande Terre (dt. «grosse Erde»). Die Zucht war 1912 begonnen, während des Ersten Weltkriegs unterbrochen und 1927 wieder aufgenommen worden, um 1931 definitiv eingestellt zu werden.

Die tierische und wilde Ausbeutung der Kerguelen-Inseln hatte nicht mehr Aufschluss über sie verschafft als zuvor die Expeditionen des 18. Jahrhunderts. Immerhin träumten zu Beginn des Jahrhunderts zwei Männer mit grosser Wissbegierde und von ebenso grosser Bildung davon, den Archipel zu erforschen, zu beschreiben und alle nötigen Unterlagen für eine weitergehende wissenschaftliche Untersuchung zusammenzutragen. Die Rede ist von den Gebrüdern Henri und Raymond Rallier du Baty, die in den Jahren 1908 und 1909 auf eigene Kosten eine erste Expedition unternahmen mit einem Schiff, das sie zu Ehren des gleichnamigen Erforschers der Polarmeere J.B. Charcot nannten. Nur durch Zufall stiessen sie im Laufe ihrer Fahrt entlang der Inselküsten auf die Norweger und das Dorf Port Jeanne d'Arc, dessen Existenz ihnen nicht bekannt war. Eine zweite Expedition, diesmal unter der alleinigen Leitung von Raymond Rallier du Baty, fand 1913–1914 mit einem andern Schiff statt, der Curieuse («die Neugierige»). Der Krieg verkürzte die Expedition. Dennoch konnten dank dieser beiden Expeditionen eine Fülle von exakten Daten über die Hydrographie, die Beschaffenheit der Küsten und über die innere Beschaffenheit der Inseln erfasst werden. Später, zwischen 1928 und 1952, unternahm der Schweizer Edgar Aubert de la Rüe mehrere Reisen zum Kerguelen-Archipel, oft in Begleitung seiner Gattin Andrée. Seine geomorphologischen, geologischen, botanischen und zoologischen Studien dienen bis heute all den Wissenschaftlern, die den Archipel bereisen, als Referenzwerke.

Frankreich beschliesst, ab 1951 eine permanente Forschungsstation auf den Inseln einzurichten, in Port-aux-Français, das von Norden, vom Golf von Morbihan aus, relativ gut zugänglich ist. Von 1951 bis 1976 wächst die Station Jahr um Jahr weiter an, da für die wissenschaftliche Forschung immer neue Gebäude errichtet werden. In seiner aktuellen Ausstattung kann Port-aux-Français während des ganzen Jahres etwa 100 Personen beherbergen, die eine Hälfte für die wissenschaftliche Tätigkeit, die andere Hälfte für die Logistik. Im Sommer, das heisst von Dezember bis März, während die wissenschaftliche Aktivität ihren Höhepunkt erreicht, leben annähernd 200 Personen auf dem Archipel.

Seit ihrer Entdeckung unterstehen die Kerguelen-Inseln der Autorität der französischen Regierung. Aufgrund ihrer grossen Entfernung von der Hauptstadt wurden sie ab 1924 der Oberaufsicht der französischen Regierung von Madagaskar anvertraut, deren hauptsächliche Rolle darin bestand, die Fischereiwirtschaft in den Hoheitsgewässern zu verwalten.

Als Madagaskar 1955 die Unabhängigkeit erlangte, wurde ein Übersee-Territorium geschaffen, das aus vier Distrikten besteht: den Inseln Saint-Paul und Amsterdam, den Crozet-Inseln, dem Kerguelen-Archipel und der Terre Adélie in der Antarktis. Diesem Territorium, das unter dem Namen TAAF (Terres Australes et Antarctiques Françaises/«Südliche und Antarktische Französische Gebiete») bekannt ist, steht ein höherer Verwalter mit dem Rang eines Präfekten des Übersee-Departements vor, der somit direkt dem zuständigen Minister unterstellt ist. Ursprünglich war er für Politik, Verwaltung, Logistik und Forschung verantwortlich. Heute ist der sehr umfangreiche Bereich Forschung ausgegliedert und beim Institut Français pour la Recherche et la Technologie Polaires («Französisches Institut für Polarforschung und -technologie») untergebracht.

Schlusswort

Die von Tausenden von Kilometern Ozean schützend umgebenen Kerguelen-Inseln sind ein einzigartiges Ende dieser Welt, das einen nicht ohne starke innere Berührung entlässt.

Nach den sinnlosen Schlächtereien der Robben- und Walfänger zu Beginn des Jahrhunderts galt es, die Natur heilen zu lassen und sie behutsam zu ihrer Ursprünglichkeit zurückzuführen. Wir können dieser Insellandschaft ihre Jungfräulichkeit nicht zurückgeben, aber wir sind uns ihres aussergewöhnlichen Reichtums bewusst geworden. Die Inselgruppe steht heute unter Schutz, der kontingentierte Fischfang wird überwacht, die Tiere und Pflanzen werden respektiert.

Einheimische und eingeführte Lebewesen streben einem neuen Gleichgewicht zu, dessen einziges Gesetz das Gesetz der Natur sein soll.

Statistisches

Geographische Lage	Indischer Ozean	48°40' / 49°40' Süd
		68°30' / 70°30' Ost
Distanzen nach:	Antarktis	2000 km
	Australien	4800 km
	Afrika (Kap der Guten Hoffnung)	5000 km
Fläche		7215 km²
Ausdehnung	Hauptinsel	140 km Ost–West
		120 km Nord–Süd
Küstenlänge		2800 km
Anzahl Inseln		1 grosse Hauptinsel
		400 kleine und kleinste Inseln
		500 Felsen und Riffe
Höchste Erhebung	Mont Ross	1850 m
Grösster Gletscher	Cook (Plateaugletscher)	500 km², 1050 m hoch
Geologisches Alter		40 Mio. Jahre
Entdeckung	Y.J. de Kerguelen-Trémarec	1772 Februar
	Capt. James Cook	1776
Klimatische Daten gemessen in Port-aux-Français		
Niederschläge		Januar 57 mm
(um ein Vielfaches höher an der Westküste)		Juli 76 mm
		Jährliches Mittel 820 mm
Temperatur		Januar 7,1 °C
		Juli 1,9 °C
		Jährliches Mittel 4,4 °C
Höchste Windgeschwindigkeit (August 1970)		288 km/h
Durchschnittliche jährliche Windgeschwindigkeit		35 km/h
Sonnenscheindauer (pro Tag)		Januar 6,0 Std.
		Juli 2,7 Std.
		Jährliches Mittel 4,4 Std.

Bibliographie
References
Literatur

Jean-Claude Duchêne
Kerguelen, Recherches au bout du monde – 1989, 360 pages
Editeur: Territoire des Terres Australs et Antarctiques
Françaises, Paris

Jean-Paul Kaufmann
L'arche des Kerguelen, voyage aux îles de la désolation
1993, 250 pages
Flammarion ed.

Nicolas Skrotzky
Terres extrêmes, la grande aventure des pôles
1986, 228 pages
Denoël ed.

Recherches polaires, une stratégie pour l'an 2000
Actes du colloque des 16–17 et 18 décembre 1992–1994,
364 pages
Académie des Sciences, Paris

Raymond Rallier du Baty
Aventures aux Kergueles – Traduit de l'anglais par Renaud
Delcourt (15 000 miles in a ketch) 1991, 247 pages
Editions maritimes et d'outre-mer, collection «Long Cours»

Alain Boulaire
Kerguelen, le phénix des mers australes
1996, 226 pages
Editions France-Empire

La découverte des Terres Australs et Antarctiques Françaises
1994, 49 pages
Muséum d'Histoire naturelle de Marseille

Jean-René Vanney
Histoire des mers australes
1986, 735 pages
Fayard ed.

Gracie Deléphine
Les Îles australes françaises – 1995, 213 pages
Editions Ouest-France

I. de Croÿ
C. d'Estaing
Cap Aubert
C. Français
Port-Christmas
Mt Havergal
Pte de l'Arche
C. du PATANELA
C. Lignivílle
C. Coupé
Presqu'île de LA DISCOVERY
Pte d'Anières
Iles Davis
I. Clugny
Presqu'île Rochegude
C. Brissac
Pte Pringle
Cap Féron
Presqu'île Cumberland
GOLFE CHOISEUL
C. Sauvigny
Pte Cristal
Pte Lucky
C. d'Aiguillon
Mt Lacroix
Grand Couloir
Pte Cox
Pte Francis Michel
Pte Jubé
Pte du Centre
Mt du Théodolite
Mt Doumer
Mt Chaohque
Pte du Cuir Salé
Plateau des Sept Laux
Pte Farman
Le Grand Plateau
Mt Chenu
C. Marigny
Mt des Jaspes
Mt de l'Angle Droit
Mts des Brumes
C. du Gaillard
Pte Tromelin
Pic Guynemer
Mt Mermoz
Pte Pagès
Mt de la Table Haute
Les Mille Névés
Table de Thulé
PRESQU'ILE DE LA SOCIÉTÉ DE GÉOGRAPHIE
Mt Rabot
Mt Richards
C. Bon Espoir
Mt de la Faille
BAIE DU NOROÎT
I. Jean Bart
Mt de l'Aldade
C. Rosnevet
C. de l'Albi
C. Louis
Ile de l'Ouest
Presqu'île des Lacs
I. de LA FRANCÈS
Pte Brise-Lames
Mt Calliope
Ilots Max Christensen
Plage des Lions Marins
BAIE BRETONNE
Mt Gay-Lussac
Mt Uranie
Pic Joliot-Curie
C. Poincaré
Mt des Deux Bénitiers
Mt Double
Mt d'Artagnan
Mt Athos
Mt Porthos
Mt Aramis
Falaise des Tempêtes
Dôme Carva
PÉNINSULE RALLIER DU BATY
C. de la Découverte
Mt Henri
Mt Raymond
l'Aiguille Noire
Mt Charles Vélain
Mt Léon Lutaud
C. Rosily
la Grande Coulée
Pic St Allouarn
I. Nâlles
Mt de Volz
C. Dauphin
Mt du Commandant
C. Bourbon
Iles de LA FORTUNE
CALOTTE GLACIAIRE COOK
LE DÔME
Mt Carroz
Mt du Renne
Mt St Ours
Mt de Lans
Mt Brouillard
Mt Marion - Dufresne
Mt Crozet
Mt Perdu
Mt d'Auris
Mt Carbenay
Presqu'île du BOUGAINVILLE
Presqu'île Bonfils
Iles du Prince de Monaco
Pte de l'Océanographie
Pte du BEN EDRA
BAIE D'AUDIERNE
Pte de Penmarc'h
Ile Soé
Ilots Joubin
Pyramide Noire
MASSIF G
Petit Ross
MONT ROSS
Grand Ross
Mt Blanc
Mt des Quatre-Points
Mt A. Gampert
Val d'Aoste
Mt Ventoux
Mt Sinaï
Presqu'île Hoche
Val des Entrelacs
Val des Grâces
le Gd Téton
le Grand Ballon
Val Danièle
Ilots Howell
C. Yule
Ile Howe
I. Mac Murdo
Presqu'île Weyland
I. Bethell
I. de LA CARMEN
Mt D. Récamier
PRESQU'ILE
I. de Castries
Iles Leygu
Ile Dauphine
Passe de
Tables de Vergennes
la Pyramide Mexicaine
Mt des Agates
Mt Gaspard
Mt Melchior
Mt Balthazar